U0571125

智慧成长故事 完美人格系列

入选
"青少年百种优秀图书推荐书目"
★荣获第十一届★
"华北优秀教育图书"评选一等奖

帮助中学生
学会交际
的168个故事

逸舟 编著

北京出版集团公司
北京教育出版社

图书在版编目(CIP)数据

帮助中学生学会交际的168个故事/逸舟编著. -北京:北京教育出版社,2005
(智慧成长故事 完美人格系列)
ISBN 978 - 7 - 5303 - 4836 - 9

Ⅰ.①帮… Ⅱ.①逸… Ⅲ.①人际交往 - 青少年读物 Ⅳ.①C912.1 -49

中国版本图书馆 CIP 数据核字(2005)第 111235 号

智慧成长故事 完美人格系列
帮助中学生学会交际的 168 个故事
BANGZHU ZHONGXUESHENG XUEHUI JIAOJI DE 168 GE GUSHI
逸 舟 编著

*
北京出版集团公司
北京教育出版社 出版
(北京北三环中路6号)
邮政编码:100120
网址:www. bph. com. cn
北京出版集团公司总发行
全 国 各 地 书 店 经 销
三河市嘉科万达彩色印刷有限公司印刷
*
787mm×1092mm 16 开本 印张15 300000 字
2005 年 10 月第 2 版 2016 年 4 月修订 第 12 次印刷
ISBN 978 - 7 - 5303 - 4836 - 9/I · 11
定价:29. 80 元

版权所有 翻印必究

质量监督电话:(010)62698883 58572750 58572393 购书电话:(010)58572902

第2章

尊严无价

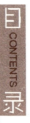

目 CONTENTS 录

第1章

人之初，性本善

第3章

海阔天空

第4章

友情四季

第**5**章

诚 信 是 金

第 **6** 章

理 解 万 岁

第 **7** 章

没有人能成为孤岛

第1章

人之初，性本善

善良是亘古不落的太阳，
慷慨地普照着这芸芸众生。
善良是清晨传来的第一声鸟鸣，
唤醒了在黑夜中迷失的人们。
善良是人类瞳仁流下的一滴清泉，
能荡涤心灵的最后一粒尘埃。
善良是一年四季不变的春风，
抚慰着人们因寒冬而受伤的心灵。
善良是爱，是温暖，
是人类至死都不能舍弃的珍贵。
所以，
善良的人请善待自己，因为幸福不会靠近不爱自己的人。
善良的人也请善待他人，赠人玫瑰，手有余香。
幸福定会在不远的地方向你微笑。

不要心存报复

感悟
ganwu

善良的人不
会容许自己的心
受到一丝一毫的
污染，因为善良
就是善良，如果
以牙还牙，以眼
还眼，善良也就
不再是善良了。

园园和阿杰是同桌，但是关系并不好。园园看不起阿杰，因为他是穷人，没有漂亮的文具盒，没有一支像样的钢笔，没有一本干净的笔记本，还没钱买自行车，每天只能步行上学。园园正相反，她有最好的文具盒和钢笔、笔记本，每天还有一辆漂亮的小汽车接送。因此她在阿杰的面前总是傲气十足。

阿杰自尊心特强，当然也看不惯园园。每次园园嘲笑他的时候，阿杰总是忍耐着。他想，自己总有一天会报仇。

有一天，他俩值日。园园和从前一样，擦擦黑板抹抹桌子就想开溜。阿杰拦住她，说她必须擦完窗户才能走。园园嬉皮笑脸地说："下次吧，今天我爸要接我去外面吃饭。我怕他等急了。"说完就趁阿杰不注意，从他腋下溜走了。

阿杰只好气呼呼地把活干完。等一切完成的时候，天都快黑了。阿杰快步走出校门，突然发现离校门不远处的墙角蹲着一个人。她的肩膀不停地抽搐着，好像是在哭。他走上前去，问："怎么啦？"

只见那人抬起头，眼泪汪汪地看着他——原来是园园。她哭着说："爸爸还没来接我。"

原来是这点小事，真没用，阿杰想。然后就没理园园，径直朝前走了。

园园见他走，赶忙站起来，低声地说："别走！我……我好害怕，你能不能陪陪我？"

"陪你？今天值日太晚了，我家人还等着我回去呢！"阿杰见园园求他，心里挺得意的。

听到阿杰提值日的事，园园不说话了。她又重新蹲了下来，无助地看着前方的路。

阿杰突然觉得她好可怜，有一刻他几乎想要答应了，可是一想到她平时趾高气扬的样子，心又变硬了。阿杰快步地从园园身边走过，不敢回头。

在路上，阿杰进行着激烈的思想斗争："园园是不好，可是现在她有困难，我怎么能够心存报复，对她坐视不管呢？再说我这样以牙还牙，岂不是自己也变得和她一样坏了？——可是，她以前也太可恶了！我不能原谅她。不能！——不过，她刚才在寒风中站了一个小时，也算受到了惩罚，还是回去吧，天那么黑，万一有坏人怎么办？要是她出了什么事，我岂不是要后悔一辈子。"阿杰越想越害怕，最后他回过头来，朝学校的方向狂奔。

园园已经不在那里了。阿杰吓坏了，他大声地喊："园园，园园！你在哪里？"

没有人回答，阿杰要急疯了。情急之下他跑到校门口的传达室，想问问守门的老爷爷有没有看见园园。谁知一走进传达室，就发现园园正坐在椅子上，用两只大眼睛看着他呢！

"你怎么在这里？"阿杰问。

"你怎么也在这里？"园园反问。

阿杰不说话了。

这时传达室的老爷爷说道："你是她哥哥吧？怎么不叫个大人来？天这么黑，又这么冷。也不知你怎么这么晚才来，等得这小姑娘在墙角直哭。要不是我刚才出去办点事，恐怕她还蹲在那儿呢！"

阿杰听了，更难受了。他说："都是我不好。"

园园听了这话，破涕为笑了。

不一会儿，园园的阿姨急急忙忙地赶了过来。原来园园父母的车在半路和另一辆车相撞，两人都受了伤，不过幸好没有生命危险。大伙都忙着照顾他们，一时就把接园园的事给忘了。

过了一个月，园园父母都出院了。不过园园再也不让他们接送了，她和阿杰也成了好朋友。

迟来的善举

感悟
ganwu

如果你想帮助别人，就请及时地伸出援助之手，不要犹豫，更不要怀疑，因为善良永远是对的。

在一个寒风凛冽的冬天，亨利穿着暖暖的皮大衣，戴着皮手套，穿着靴子，蹦蹦跳跳地跟在妈妈的后面。亨利心情可好了，因为今天是他10岁的生日，妈妈现在要带他去买礼物。

妈妈给亨利买了一件神气的新棉袄。亨利抱着装棉袄的袋子，乐不可支地走出商店。一路上，他吹着口哨，快乐得像要飞起来了。

可是在路过一栋大楼的时候，亨利突然发现墙角蜷着一个人。他披着一块破烂不堪的毛毯，在冷风中瑟瑟发抖。

"妈妈，"亨利停了下来，"我能把我的棉袄给他吗？"

"傻瓜，他这么高，怎么能穿你的小棉袄呢？"妈妈边说边拉着亨利往回走。

"那把爸爸的棉袄给他行吗？"

妈妈想了想，说："孩子，他一定是犯了什么错，上帝才要这样惩罚他。所以，你还是别给他棉袄了。"

亨利将信将疑地跟着妈妈回家了。一路上他闷闷不乐，想着上帝为什么会这么残忍地对待那个人。

晚上吹蜡烛许愿的时候，亨利轻声地说："上帝啊！能告诉我他犯了什么错吗？您为什么要这样对待他呢？我请求您帮帮他，给他一件棉袄穿吧。"

亨利没有等来上帝的回答就睡着了。夜里，他梦见那个人冻死了，吓得哭了起来。第二天一早，他就拿了自己的小棉袄，跑到街上找那个人去了。

很不巧，昨夜下了一场大雪，亨利好不容易才走到那里。可是他发现那人已经不在了。这时一个扫雪的清洁工告诉亨利，那个人昨晚真的冻死了。

亨利后悔地哭了起来。他在埋怨自己：为什么昨天不把小棉袄给他呢？

一块玉佩

小王父母早亡，只留给他一间破屋和一块玉佩。父母说这是家传之宝，再困难也不能丢失。小王牢记父母的遗言，将玉佩随身携带，从不轻易示人。

有一天，他挑着担子到集市上去卖梨。不巧天下起了雨。他只好跑到一间破庙里躲雨。小王沮丧地看着满满的一担梨，心想今天恐怕又要一无所获了。突然，他听到庙里的一堆稻草里有人呻吟。他吓了一跳，以为是庙里的菩萨显灵，便赶紧对着那尊沾满灰尘的菩萨跪拜。可是那声音却越来越大，小王壮着胆子偷偷看了一眼，发现根本就不是什么菩萨显灵，而是里面藏着一个人。他大概有五六十岁，除了脸，整个身子都埋在稻草里。

小王很纳闷，他上前去问："老大爷，你怎么了？"

那人说："我是一个过路的商人，本想到京城去做买卖，没想到半路遇到了强盗，把我的钱全都抢走了，还把我打伤了。我担心他们再回来找我，就躲在这里。小兄弟，我有一个朋友就在这附近的城里，你能不能带我进城找他？"

小王听了非常同情，满口答应了。他先把老大爷从稻草里挪出来，然后给他包扎好左肩上的伤口，扶着他走出门外。

这时雨已经停了，小王对老大爷说到城里有 20 里路，很快就能到。但是老大爷身上有伤，加上受了惊吓，身体十分虚弱，只能走走停停，到最后一步也走不动了。他说："小兄弟，我实在走不动了，不如雇辆马车进城。"

小王心想，老大爷遇到了打劫，自己又没把梨卖出去，身上一个子儿都没有，怎么雇车呀。那老大爷看穿了他的心思，

就说:"只要到了我朋友那儿,车钱一定会有的。"

于是小王雇了一辆马车,两人不一会儿就到了城里。可是当他们到达老大爷所说的地址时,却发现这位朋友早在两年前就搬到另一个地方去了。

小王问老大爷:"您在这城里还有别的朋友吗?"

老大爷摇了摇头。

小王就说:"那我们再到你朋友新搬的地方去吧,反正也是20里路,坐马车一会儿就到了。"

这时,那位车夫生气地说:"你们分明是没有钱,现在还想骗我?我要带你们到官府去!"

老大爷说:"我朋友一定会加倍给您钱的,劳烦您再送我们一程。"

车夫道:"我才不会上当呢!走,跟我到官府去。"说着就要拉老大爷下马车。

眼看老大爷就要被揪下来了,小王赶忙说:"这样吧,我把我的玉佩给您作抵押,您再送送我们吧!"

车夫看了看玉佩,眉开眼笑,说:"好吧!我再送你们一程,要是还没有钱,这块玉佩就归我了。"

老大爷十分过意不去,对小王说:"小兄弟,真是太麻烦你了。"

小王心里虽然很心疼,可是仍然说:"没什么,谁都会有难的时候。"

过了不久,他们终于找到了老大爷的朋友。车钱付了,玉佩也物归原主。老大爷的朋友问小王:"如果你们还是没找到我,那你该怎么办?"

"继续找呗!"

"你不怕一直找不到吗?"

"如果一直找不到,我就把老大爷带回家养伤,然后送他回家。"

|感悟
ganwu

就像小王说的:谁都会有难的时候。如果在这个时候,每个人都能够和小王一样伸手相助,那么这个世界,这个人间,就不会有什么过不了的高山。

"可是你的家传玉佩却没了，你不怕父母怪你吗?"

"他们不会怪我的，因为玉佩用在了它该用的地方。"

这位朋友听了，十分赞赏，于是就把自己的女儿嫁给了他。这块玉佩，则成了定亲的礼物。

一瞬间的善念

在一个偏远的小山村，有一个名叫阿明的年轻人。他父母早逝，家里只为他留下了一间小小的茅屋。他每天很早就要起床上山砍柴，然后挑到很远很远的集市上去卖。日子虽然过得很辛苦，但阿明却毫无怨言。有时村里人忙不过来，他还经常过去帮忙，是个人人都称赞的好青年。

一个寒冷的冬天，大雪冻住了大山。阿明没法上山砍柴，于是早早地上床睡了。就在他快要睡着的时候，突然听到有人敲门的声音。

这么大的风雪，会是谁呢? 阿明十分疑惑。"谁啊?"他跳下床，倚在门后问道。

没有应答。

但过了一会儿，敲门声又响了，不过比刚才更弱了一些。

阿明突然害怕起来，心想，该不会是坏人吧? 于是他抄起门后的砍柴刀，轻手轻脚地把门打开。不开不要紧，一开吓他一跳。只见一个黑糊糊的影子倒在地上。阿明壮着胆子上前一看，原来是一个快要冻僵的人，边上还有一个不大不小的箱子。

阿明当时第一个反应就是想把他扶进来，可是转念一想，自己从来不认识他，要是他是坏人，自己岂不是引狼入室了吗? 而且要是他在自己的屋里有个三长两短，那自己不是有嘴也说不清了吗? 想到这些，阿明犹豫了。可是他又转念一想，外面这么大的风雪，要是不及时把他扶进来，他肯定是必死无疑了。于是他决定不管那么多，先救人再说。

感悟
gǎnwù

在人生之中，每个人都有可能遇到需要帮助的人，也许，你只是因为一瞬间的善念向他伸出了双手。但是，谁也不会知道，哪天正巧就是这个你帮助过的人把你从危险中救出。也许，这是上天因为你这一瞬间的善念而送给你的礼物。

他把这人拖进屋子，放在炕上，然后用自己仅有的一床被子给他盖上，自己则躺在炕沿上。

过了一会儿，炕上的那个人逐渐苏醒过来。他大概有40多岁，说自己是一名兽医，本来是要赶到山那一边的村子给牛看病去。没想到路遇风雪，他又累又饿，就摸黑胡乱走到了阿明的家门前。

阿明见他说话朴实，不像个坏人，也就没有先前那么警惕了。这时他听说那人一天没吃东西了，就赶快起身，在墙角一个破缸内取出仅有的一些米，说："我没有多少米，你就凑合着吃吧。"

那人感动极了，当他听说阿明要到屋后的坪上取一些麦秸秆和木柴过来烧饭时，他死活不让，说："你收留我，给我饭吃我已经很感激了，怎么能让你去帮我取木柴做饭呢？还是我去吧！"

阿明见他态度坚决，就只好同意了。

那人刚出去没多久，阿明就听到坪上传来他的尖叫声。阿明冲出家门，正遇上兽医惊慌失措地跑过来，连连说："快救火啊！快救火啊！"只见坪上火光冲天，有一两个麦垛都被烧着了。加上北风凛冽，火势越来越猛，眼看就要蔓延到村民的家里了。

阿明急忙叫醒村里的人。于是大家全都行动起来，挑水的挑水，搬柴的搬柴，扑火的扑火，大火很快就被扑灭了。

过了几天，风雪停了，兽医就背着他的药箱，离开了这个村庄，从此就再也没有遇见过他。但是他的知恩图报和阿明的善良却时常被人提起。

爱 的 缝 补

母亲刚下岗的时候，在街边摆上缝纫机，帮过往的人缝缝补补，赚些零钱。

"你需要缝补吗?"这是母亲经常对别人说的话。

后来父亲包了几个工程，生活渐渐好了起来，不需要母亲再到街边风吹日晒了，可是母亲闲不下来，她还是把那个缝纫机搬到街边，义务替那些不小心将衣服划破或是掉了扣子的人缝缝补补。她说在家里待着闷得慌，这样心里能敞亮些。

有一天，一个大学生模样的女孩专程来向母亲道谢，可母亲早已忘记了自己帮助过她什么。"您忘了吗？那次我裙子的拉链坏了，是您帮我缝好的。"母亲一拍脑门，继而是阵爽朗的大笑。女孩说她那天是去参加一次招聘会的。路过母亲身边的时候，被"眼贼"的母亲发现她裙子的拉链坏了，就喊住她，帮她缝补好。

"多亏了您，不然就要出丑了。"女孩说母亲的善良让她增添了很多信心和勇气，招聘会上，她一路过关斩将，最后应聘成功，现在已经去那个她心仪已久的大公司上班了。

"你是说，这里面还有俺的功劳喽!"母亲张大嘴巴，不敢相信自己无形当中帮了女孩的忙。

"嗯。"女孩使劲地点头。

母亲说，每个人都有个小麻烦什么的，帮帮他们，自己心里也舒服。看到别人因为自己的举手之劳报来的那一脸微笑，母亲心里美滋滋的，脸上是更灿烂的笑，像大大的向日葵。

母亲这小小的善举感动了许多人，在她的带动下，社区里出现了很多"义务工"，有义务理发的，有义务测血压的，有义务送报纸的……还组建了义务清洁队和义务治安团，都是一些退休的老人自发组织起来的，维护小区的卫生和安全。

狄更斯说：如果我能弥补一个破碎的心灵，我便不是徒然活着。如果我能减轻一个生命的痛苦，抚慰一个创伤，或者令一只离巢小鸟回到巢里，我便不是徒然活着。

感悟 gǎnwù

母亲无意间的举动，居然影响了一个女大学生的命运；母亲善意的举动，居然感染了身边的一大批人。也许母亲缝补的不仅是衣服上的漏洞，母亲更像灵魂的工程师，不断缝补着人们心灵的冷漠和漏洞，让那些本来就该美好的心灵焕发出爱的光泽，这光泽明媚而温暖，久久地萦绕在人们的心头。

每个人的生命中，都有一些这样或那样的残缺的记忆需要补，支离破碎的情感，战火纷飞的家园，苍凉的废墟……这个世界，到处都有伤痛的缝隙和缺口，或许正是因为有了这些缝隙和缺口，才有了女娲的舍身补天。

"你需要缝补吗？"母亲每天依然在重复她的话，持续着她小小的善举，滋润着那些日渐干枯的心灵。母亲不是女娲，女娲补的是天，母亲缝补的不过是别人衣服上的一些漏洞。但在我的眼里，母亲和女娲一样伟大，因为母亲缝补着人们灵魂里的漏洞，使它们完整，渐渐生出爱的光泽来。

防人之心不可无

从前，森林里有只心地善良的兔子。有一天，她和朋友们一起出去玩，在路过一片草丛的时候突然听到有人喊救命。

大伙停下来一看，原来是一只狐狸掉进了土坑。

这只平日趾高气扬的狐狸见到大伙儿，可怜巴巴地摇着尾巴说："好心的朋友们，救救我吧。"

大伙儿平日受过他的欺负，因此谁也没有上前。

狐狸又说："哪位好心的朋友，救救我吧。我上来之后一定好好地报答他。"

山羊说："别再骗人了，我知道你说话从来不算数。"周围的动物们也一个个点头。

这时狐狸抽抽搭搭地哭了，他流着眼泪说："好心的朋友们，救救我吧。我家还有几个孩子等着我回去照顾呢？"

兔子不禁动了侧隐之心，她说："他看起来真的是好可怜，我们不如救救他吧。"

"不行，你难道忘了他曾经欺负过你吗？"一只松鼠劝道。

"就是，狐狸是最狡猾的。说不定他又在耍什么花招。"小鹿也劝道。

狐狸见兔子眼里含着同情的泪花，就抓紧时机对兔子说："兔子妹妹，我知道你平时最善良了，你帮帮我吧。呜！我可怜的孩子们。"狐狸又开始抹眼泪了。

兔子的心彻底软了，她不顾朋友们的劝说，硬是把狐狸救了上来。

狐狸被救上来之后，感动得眼泪直流。他对兔子说："兔子妹妹，你这样帮我，我真不知道怎样报答你。这样吧，今天晚上我请你吃饭。"

兔子答应了。她跟着来到了狐狸的家。果然有几个孩子在等着狐狸。兔子心想，这次狐狸可没有说谎。她看到孩子们高兴的样子，心想，自己可真是做了一件大好事。

只见一个孩子抱着狐狸说："我好饿啊！有没有带回什么好吃的？"

"有啊。"狐狸转过身来，意味深长地看了一眼兔子。

兔子看到狐狸的眼神，吓得毛骨悚然。她说："我要回家了，改天再来好了。"

狐狸一步步地走过来，说："别走啊，你走了谁来填饱我孩子的肚子啊？"

兔子一听转身就跑，可是说时迟，那时快，狐狸一把揪住了她的耳朵。

"你想干什么啊?"兔子吓得哇哇大哭起来。

"兔子妹妹，你可别怪我啊，要怪只能怪自己太笨了。"

"救命啊，救命啊!"

可惜朋友们都回家去了，没有一个人听到。这只善良的兔子就这样送了命。

感 悟
ganwu

俗话说：防人之心不可无。善良的人们呀，千万要把眼睛擦亮，别像可怜的兔子误救了坏人。

卖烤羊肉串的"慈善家"

他叫阿里木江·哈力克，是一个普普通通的新疆维吾尔族汉子。他生活并不富裕，在贵州省毕节市靠卖烤羊肉串为生，但他却用自己微薄的收入资助了数百名贫困学生。他因急公好义、乐善好施而被新疆人民亲切地称为"好巴郎"，被贵州人民誉为"草根慈善家"。2011年，他被评选为"感动中国年度人物"。

1997年，阿里木江就背着烤肉炉子开始走南闯北。2001年，他来到贵州省毕节市。在最困难的时候，他得到了一个素不相识的酒吧老板的帮助，怀着这份感恩之心，阿里木江决定把卖烤羊肉串挣来的钱用来做慈善。

2002年4月，阿里木江路过贵州省镇远县时，参与扑灭了一起突发的森林大火，当地林业局为了表示对他的感谢，奖励给他300元现金。回到毕节后，阿里木通过当地妇联联系了一位急需帮助的毕节学院艺术系的困难学生赵敏，他不但将300元奖金全额捐出，还把自己卖烤羊肉串挣来的200元钱一起送到了赵敏手中。

第一次捐赠，牵出了阿里木江的慈善情怀。2003年冬天，阿里木江去医院看望一位生病的朋友，在那里，他遇到了周勇。这是一个家庭贫困、从5岁起就患上了肾病综合征、被下了6次病危通知书却仍然酷爱读书的孩子。了解到周勇的情况后，阿里木江马上打电话到当地报社，呼吁大家爱心援助，并带头捐款。3个月以后，周勇治愈出院。在此期间，阿里木江不但捐赠钱款，还多次带着营养品去看望、鼓励周勇。

2005年春节期间，阿里木江从中央电视台《共同关注》栏目的报道中得知，当时就读于中央民族大学的彝族大学生李英，因家庭贫困，假期到煤矿当矿工挣钱读书。这则报道深深地打动了阿里木江，他费劲周折找到李英。一见面，他就拉着

感悟 ganwu

一时兴起的善意不能算是慈善。真正的慈善，贵在持久地用心、用行动去发现那些弱势群体的需要，帮助他们获得内心的力量，陪伴他们迈出坚实的步伐。

李英去银行开了一个账户，把存折交给李英，说："以后我每个月就通过这个账号汇钱给你，你一定要好好读书，将来帮助更多的人。"

2007 年 8 月，听说毕节市长春堡镇干堰塘村小学有许多贫困学生连书包都买不起后，阿里木江迅速购买了 100 个崭新的书包送到了这些贫困孩子的手中。当时，由于干堰塘不通公路，村子又是在一个山坳里，他只好雇来两匹马驮着书包，沿着陡峭的山路走进去。那一年，阿里木江还给大方县理化乡理化小学的孩子们送去了一批文具，同时捐赠了 5000 元钱。

这个善良朴实的新疆汉子，对自己非常苛刻俭省：一件 15 元钱的粗毛衣，穿了 4 年多；一个馕加一杯水，常常打发掉一顿饭。接济他人时，阿里木江却仗义慷慨。在毕节生活的 10 多年时间里，阿里木江大约卖了 30 万串羊肉串，而挣来的钱大部分用于资助贫困学生上学，资助金额达 10 万元以上。

他常说："我做的一切，都是对那些在我困难时伸出援手的好人的感激。省下的钱，帮那些孩子学文化、学高科技，心里很开心！"

忘记自己做过的好事

曾经有一个年轻人，在一次火灾中，奋不顾身地救起一个小女孩。这件事情轰动了全国。不但小女孩的家人多次表示感谢，就连政府部门也给予了他表彰。这位年轻人起初觉得非常过意不去，他说救人是他的责任，换了任何一个善良的人都会做的。可是人们却因此更加敬佩他了。

久而久之，这个年轻人觉得自己真的是个英雄了。他走到哪儿都有人毕恭毕敬地给他鞠躬，然后称呼他一句：我们的英雄。一位他心仪已久、但一直拒他于千里之外的女孩，在这个时候也答应了他的求婚。他学习成绩很不好，但却顺利地从大

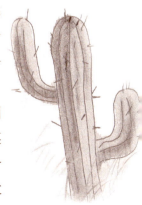

学毕业了，还找到了一份好工作。这真是个懂得感恩的社会，他说。他觉得现在真是幸福极了。

就这样，这个年轻人连续几年都享受着这样的荣耀，直到他终于不再年轻。他所做过的好事随着时间的流逝渐渐地被人淡忘。在他40岁的时候，他失业了。他从没想过自己会失业。失去理智的他愤怒地朝着经理吼道："你怎么能这样对待一位英雄呢？"

这位经理只有20来岁，当然不会知道当年他在火灾中救人的英雄事迹。他轻蔑地说："英雄？你这样的人也能成为英雄？趁早回家去，别在这儿丢人现眼了！"

听了这句话，羞愤交加的英雄冲上前去，一把将这位自鸣得意的经理掐死了。

后来在监狱中，他怎么也不明白，曾经乐观向上，满怀着美好愿望的他怎么会沦落为一个杀人犯。

同样有一个善良的年轻人，从他懂事的那天起，他就以帮助别人为自己的责任。他做过的好事、帮助过的人数也数不清。他曾经两次在海边救起过溺水的儿童。他还曾为一位白血病患者捐献了骨髓。人们像感谢上一个年轻人一样感谢他，他却说："帮助别人能给我带来快乐，因此没有什么好感谢的。"他拒绝了多项荣誉奖章，总是躲着记者采访。久而久之，人们渐渐遗忘了他。

这正是他想要的结果，他觉得自己可以不为名利所累，自由自在地做着自己想做的事情。毕业之后，他成为一名义工，真正地以助人为快乐之本。他从来不以英雄自称。他待人总是很亲切，和周围的人们像家人一样亲密无间。

在他70多岁，快死的时候，有人问他："你真的不希望那些你帮助过的人感谢你吗？"

他摇摇头，说："每个人都希望自己帮助过的人能对自己感恩，我也不例外。但是我永远记得一句话，那就是忘记自己

感悟 ganwu

记住别人对自己的恩惠，忘记自己对别人的帮助。这是每一个明智的人都要记住的话，否则，光有善良没有明智，善良就会变成一种负担，让你一辈子都不快乐。

曾做过的好事。而人家对你曾有的帮助，你则要永远地记住！"

在人们为他竖立的墓碑上，鲜明地刻着一行字：一个真正的英雄。

意料之外的报答

在这个世界上，总是会发生这样的事情。有两家亲戚关系密切，但一家富，一家穷。似乎一辈子都只能是富的这家无条件地帮助穷的这家，因为看起来这一辈子穷亲戚都不可能在什么地方能帮上富亲戚的忙。

不过这种不平衡，在特殊的时候也能被打破。解放前，在一个偏远的小山村里，有一户人家，姓王。王家很穷，几代人住在两间小破屋里，全家吃顿饱饭都很成问题。

但他们家有户很有钱的亲戚，姓张。张家住在镇上，是开店铺的大财主。张家原来也住在小山村里，王家有个姑娘在那个时候嫁给了张家。后来张家儿子在外面发了财，就举家搬进了城里。

也许是曾经吃过苦，张家对王家还不错。逢年过节会送点王家平常吃不到的猪肉，平时也不时地会周济周济。有一年，王家有个小孙子得了一种病，张家花钱帮他们在城里请了一位洋医生，这才给治好了。人们都说，张家救了王家一条命啊。

但当时的王家真的是无以回报，只能在逢年过节的时候，给张家送去一些新鲜的瓜果和蔬菜。不过张家也不指望王家能够报答，那时的张家正红火，不需要帮助。

可是好景不长，战争爆发了。连年的战争和劫掠使得张家在城里已经混不下去了。后来听说鬼子要进城，便连夜逃到了乡下。当然只有王家收留他们。

因为时局越来越紧张，张家一直没能回城里，就这样和王家住一块儿，一直住到了解放。人们说：是王家给了张家新的

| 感 悟
ganwu

做好事不要急着让人回报，因为人的一生难免风风雨雨，总有一天，你曾经帮助过的人会在一个意想不到的时候帮你渡过难关。

生路。

助人的意义

曾经有个年轻人，他很有才华，喜欢文学创作。可是因为没有什么名气，又没有多少钱，始终没有找到一家出版商愿意出版他的书。

这天他又在一家出版社碰了钉子，心情十分恶劣。

在路过街道的时候，他由于垂头丧气，竟然没有发现一辆正朝他疾驰而来的大卡车。幸好卡车司机眼疾手快，及时地紧急刹车，避免了一场车祸。不过这个年轻人吓得半死，又被卡车司机给狠狠地骂了一通，心情更加不好了。

就在他走上人行道不久，突然一个乞丐模样的老头挡住了他的去路。他伸出一只手，对年轻人说："小伙子，行行好吧。我都几天没吃饭了。"

年轻人本来就心烦意乱，他厌恶地看了一眼老人，没有理睬就走了。

刚走几步，他听到后面老人说："年轻人，难道你一点也不同情我吗？"

同情？年轻人想，这个世界还有比我更不幸、更需要同情的人吗？他这样想着，不禁回头看看那老头，发现他面黄肌瘦、衣衫褴褛，真的是好几天没吃饭的样子了。他心一软，就从口袋里摸出仅有的两个钱币。他留下一个作为自己明天的生活费，一个给了那老人。

老人对他千恩万谢，然后说："年轻人，我刚才看见你愁眉苦脸的样子，还差点被车撞了。现在你的心情有没有好一些啊？"

年轻人愣了一下，回答道："嗯，好像是好点了。"他不得不承认帮助过别人之后自己原本苦闷的心情确实舒畅了。

感悟
ganwu

帮助比自己更不幸的人确实能够带走烦恼，因为在这个过程中，你会感到一种满足后的喜悦，同时在无形中升华了自己。在这个时候，有谁还会记得自己的不幸呢！

"这就对了。帮助比自己更不幸的人能够带走烦恼。"

年轻人吃惊地望着这位谈吐不凡的老人，说："您说的可真是至理名言。能够告诉我您是怎么得到这些经验的吗？"

这位老人说："我曾经有一个幸福的家，但不幸有一天遭遇了火灾，我的家人和财产全部葬身火海。"

"你的亲戚和朋友难道不帮你吗？"

这位老人叹了口气，说："要怪只能怪我以前太吝啬了，别人有困难我从来不帮忙，结果我有难的时候，也不好意思去找他们。于是就流浪到了这座城市，靠行乞为生。我在这条街上待了好几年，没事的时候就观察行人。我发现心地善良的人在施舍之后，心情总是会很愉快。我刚才看你心情烦闷，但是我从你的眼神中看出你是个心地善良的人。我想你一定会帮助我，而且，我也通过帮助你来忘记我自己的不幸。"

这位年轻人听了，深受启发。回去之后，他奋笔疾书，将这位老人的传奇故事和人生经验写成了一部长篇巨著，书名就叫做《助人的意义》。

擦皮鞋的小男孩

《中央车站》是巴西的一部经典电影，曾经获得过包括柏林电影节金熊奖等在内的 50 多个国际电影节大奖，被誉为全世界最好看的电影之一。电影讲述了一位老妇人朵拉陪同一个孩子约书亚，去远方寻找他父亲的故事。而我们今天要说的，是剧情之外的故事。

在拍摄这部电影之前，导演沃尔特·塞勒斯需要从全国各地的小孩中选择一位男主角。这天，他因事来到城市的一个车站，一个小男孩要为他擦皮鞋。他当时拒绝了这个孩子，于是，这个孩子问他能不能借给自己一些钱，好买个面包，等自己擦鞋挣了钱，一定会还给他。

感悟 ganwu

这个擦皮鞋的孩子在贫穷的处境中仍然乐意与同伴们一同分享好运,这份真诚和善良不仅打动了沃尔特·塞勒斯,也震撼了每一个读者的心灵。

这时,他才发现眼前这个瘦弱的孩子和自己想象中的电影男主角很相似。他给了孩子买面包的钱,并且告诉孩子,明天可以去他的工作室找他,不但有饭吃,还可以挣钱。

第二天,他来到工作室的时候,却惊呆了,昨天擦鞋的小男孩不但自己来了,而且还带来了几乎车站所有擦鞋的孩子。沃尔特·塞勒斯发现,在这些孩子中,有几个比昨天要给他擦鞋的孩子更机灵,似乎也更适合当这个电影的男主角。但是最后他还是决定让前一天遇到的这个孩子来试试,因为他觉得这个孩子是个善良的人,而电影中的孩子,也正是一个善良的人。

后来的故事就简单了,这部电影获得了巨大的成功,一个在车站擦皮鞋的孩子,就此走上了"星光大道",成为巴西家喻户晓的明星文尼西斯。说句题外话,在巴西,最幸运的擦鞋匠并不是文尼西斯,而是另一个叫卢拉的孩子,他后来成了巴西的总统。

太阳照常升起

丁丁是个乖孩子,他常听父母和老师说:"做人要善良,看见别人有困难要帮助。"他真的照他们的话去做。有一天他见到一个同学很不情愿地留在教室里打扫卫生,就主动提出要帮他忙。那个同学是个调皮鬼,他见丁丁主动帮忙,就趁机偷偷溜了出去。结果丁丁一个人忙到了天黑。

第二天,丁丁在街上看见一个人的钱包掉了,他拾起来追上去。谁知那人疑惑地看看丁丁,又看看钱包里的钱,然后就走了,留下等着听"谢谢"的丁丁。

丁丁很失望,回家之后就对爸爸说:"我再也不做好事了。"

"为什么啊?"

丁丁把这两件事告诉爸爸,还忘不了补上一句:"他们连

'谢谢'都不和我说一声，太可恶了!"

爸爸笑了，他摸摸丁丁的头，说："告诉爸爸，你为什么要帮助别人?"

"因为你们说帮助别人就是做好事。"

"既然是做好事，你为什么因为别人不说'谢谢'就不做了呢?"

丁丁答不上来。

爸爸又说："丁丁，你知道吗? 太阳每天都把阳光送给我们，无条件地帮助我们。而我们呢? 却什么也没有做。没有报答它，也没有说'谢谢'。可是呢? 太阳并没有因为我们不报答就生气，它不是每天还照常升起吗?"

勿以善小而不为

小杨是个北京的出租车司机，他常年在北京的大街小巷跑，日子过得辛苦却也充实。这天，他运气不太好，连跑了好几趟小生意，心里正不自在。在路过玉渊潭时，他看到前面有位穿着牛仔衣的女子招手。他赶紧停车，这位女子很有礼貌地说："不好意思，能不能麻烦您帮我抬一下行李?"小杨一看，才发现这位客人后面竟然藏着一大堆摄影器材之类的东西。小杨心里不禁暗暗叫苦。不过看着女子恳求的眼神，他便三下两下地把行李放在了后备箱。

可是在搬最后一个箱子时，女子突然说："师傅，这东西不能碰撞，能不能放在车厢里?"小杨皱了皱眉，心想这人怎么这么麻烦。好不容易放好行李，女子坐上了车。小杨问："小姐去哪儿?"

"中央电视台。"

什么? 小杨一听差点气晕。要知道，这里到中央电视台也不过是 10 分钟的车程，整个生意就 10 块钱。小杨想，

帮助别人是一个人善良本质的真情流露，善良的人将从中得到快乐。但是如果你帮助别人只是为了让人报答，你将永远不会从中得到快乐。

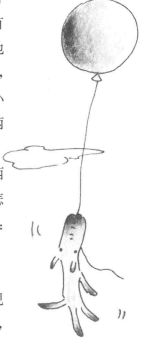

自己今天怎么这么倒霉啊？搬东西搬了大半天，还只赚这么点钱。

这位女子似乎知道了小杨的心思，她静静地坐在那儿，一句话也没说。

小杨从镜子里看到她，心里又开始骂自己：自己是开出租车的，接送客人天经地义，怎么能看到生意小就不做呢？这样想了之后，他发动车子，直奔目的地。

不一会儿，中央电视台就到了。他小心翼翼地又把行李给搬下来。刚想上车，那位女子叫住他："师傅。"

小杨看她难为情的样子，以为又是想请他搬行李。谁知道那女子说的却是"谢谢"。小杨心里一阵内疚：我怎么能那么想呢？嘴上却说："哪里，这是应该的。"

"我能要您的电话号码吗？过几天我们有个活动，还想用您的车。"

小杨给了名片之后就走了。他一心想着那句"谢谢"，心里觉得这趟没白走。不过他并没把女子说用车的事放在心上，他总觉得这是女子不好意思才这么说的。

可是过了几天，这位女子真的找了他。那一天他赚得比以前一个星期还多。走的时候他问女子，说为什么还用我的车。女子说：以前我坐车，有的司机听说这么近的路就不乐意，搬东西时总是没好气，难得遇上你这么善良的人。

小杨听了倒不好意思了，他没想到自己小小的善举竟然受到这么高的评价。

爱唠叨的老太太

在一个特别寒冷的冬天，一辆公共汽车缓缓地靠站了。由于天冷，人们不愿出门，所以这一站只上来两个人。

但这两个人都有点引人注目。先是那个60多岁的老太

感悟
ganwu

在生活中，只要善意地对待每一个人，你就一定会有收获。

太。她穿着一件厚厚的长羽绒服，戴着一双毛茸茸的毛线手套，头上顶着一个黑色的绒线帽，把自己裹得严严实实。那个20出头的青年呢，只穿着一件皮夹克，没有戴手套和帽子，脚下还穿着一双平底的运动鞋，在这个数九的寒天显得格外的单薄。

老太太一上来就有人给她让座。她一边说谢谢一边乐呵呵地坐下。那个青年呢，就站在老太太的边上，一只手抓着老太太前座的扶手。不过他们好像并不相识。

听过反扒宣传的乘客都警觉地看着这位青年。据说扒手为了方便偷窃，冬天再冷都不戴手套，而且为了方便开溜，都穿着平底鞋。这位青年恰好符合这两大特征。因此乘客们都有些担心地看着老太太，觉得她很有可能成为这位青年的偷窃对象。

老太太一点也没有察觉异样。她从一上车就在不停地唠叨，说这天气怎么这么冷，耳朵都要给冻下来了，打从她出生就没这样冷过哩！听到边上有人附和："是啊，真是太冷了。"老太太更高兴了。她眉飞色舞地说着她家院门口结了薄薄的一层冰，今早有人路过，一不小心就摔了个四脚朝天。好家伙，他手上提着的苹果撒了一地！幸好自个儿没受伤。也许是当时的情景特别好笑，老太太一边说一边笑，那神态和笑声把大伙都感染了，连那被疑为小偷的青年也忍不住笑了。

"老太太，这么大冷天的去哪儿呀？"有人问。

"去看我孙子。他前天受了寒，着凉了。唉，现在的孩子真逞强，穿得那么少，不着凉才怪呢？"

这时老太太突然发现了那小青年的手上长满了冻疮，不由得惊呼起来："哎哟！小伙子，你的手怎么冻成这样啦！"

大伙看去，果然，那小伙子的两只手通红通红的。小伙子见众人都在看他，有些恼怒地瞪了老太太一眼。

可是老太太好像一点也没在意，仍然喋喋不休地说着：

感 悟
ganwu

这个小偷为什么下车？是因为老太太的唠叨吸引了大伙的注意力，让他没有机会下手，还是因为老太太多管闲事的好心感动了他，让他不忍下手？虽然我们无从知道，但是我们宁愿相信后者，相信爱会激发出无穷的力量！

"这么冷的天气怎么不戴手套呢？别看现在年轻，冻着了也不是那么容易好的，再说，爹妈看了该有多心疼呀！"

这时老太太又想起了她着凉的孙子："我孙子也老是不戴手套和帽子，结果耳朵手上都长满了冻疮，一下水就疼。后来还是我买了一瓶冻疮灵，天天逼着他涂，这才好的。哎！小伙子，你知道冻疮灵吗？这药可好了。"

说到这儿，老太太好像又想起了什么，她拍着脑袋，说："瞧我这记性，我好像就带着一瓶，我给你找找。"说完就在自己的口袋里不停地摸索。

也许是穿得太厚了，老太太找了半天都没找着。当她终于找着时，小伙子已经不知什么时候下车去了。

车厢里的乘客都松了一口气，但是谁也不忍心告诉这位好心的老太太，刚才她是经历了怎样惊险的一幕。

善意的鼓励

姜红是某名牌大学英语系三年级的学生，由于家里并不是很宽裕，她一边念书一边兼职家教。

在她的学生当中，有个比较特殊的男孩，叫小南。他12岁，平日沉默寡言，和生人说句话都会脸红，与那些和他一样生活在大城市的孩子们截然不同。也许是太内向了，他的英语成绩一直很差，有的时候竟然考零分，为此他的父母伤透了脑筋。

在姜红来之前，小南请过无数的家教，最近的一个还是姜红的同学。她说小南真是朽木不可雕，她费尽了力气也没有让他开口说一句英语。后来她放弃了，随便找了个借口就辞职了。小南父母明知道这位同学辞职的原因，可还是无奈地请她帮忙，希望在她的同学中再找一位家教。

于是这位同学回去之后，就到处帮忙找家教。那时小南父母开出的工资是每小时 60 元，这在这个城市算不低的了。可是同学们一听是这种情况，多高的工资都不愿接。这位同学在教室里唉声叹气，说，这可怎么向人家的家长交代呀！一边的姜红听了，就说她愿试试看。那位同学喜出望外，她有些不相信地问："真的吗？到时可别怪我哦。"

"当然是真的。我什么时候骗过你？"

姜红的同桌赶忙劝道："你可要想清楚了。这种孩子最难教了，你没教几次就会灰心的。再说了，那些家长都是急功近利的，如果教了几天没有进步，他们一定会怀疑你的能力，再找个借口把你给开了。所以你要想清楚啊！"

姜红知道同学是为自己好，可是她说："我也知道，可是这孩子也不能不管他呀。再说了，挣钱哪个是容易的！"

于是姜红就去了小南家。第一次见面，姜红用英语向他问好，可是小南只是怯怯地用中文说了声："老师。"就不言语了。小南的父母都有些难为情，说这孩子太内向了，老师您别介意。姜红赶紧说没关系，还说这孩子真乖。小南一听姜红夸他，心里很高兴，只是仍然不说话。

第一天教得很费力。开始姜红每教一句，就让小南读一遍，可是小南一句也读不出来。他努力地张开小嘴，想读出来，可是最后却怎么也读不出来。姜红耐心地引导，有时和他一起读，但效果仍然不明显。姜红没辙了，就对小南说："你今天不想读的话，就来默写单词吧。"小南听了，紧张的神色稍微放松了一些。不过为了默写这 10 个单词，他花去了整整半个小时。交上来时，姜红发现 10 个就错了 8 个。姜红在心里叹了口气，但看到小南垂头丧气的样子，她就微笑着说："你的英文写得不错啊！"

听了这话，小南的眼睛骤然明亮了许多，他看了看姜红，红着脸说："不好。"

姜红的心陡然刺痛了。多诚实的孩子啊！他一定是很久都

感悟
gǎnwù

对一个自卑的人来说，善意的鼓励比任何帮助都更有效，也更珍贵。

没有得到过表扬了，而且一点都不自信。我一定要帮他，姜红心里暗暗想道。

过了几天，又到了星期六。姜红准时来到小南家。刚开门，小南的父母就高兴地告诉姜红："自从你上次讲课之后，小南对英语的兴趣一下子提高了。他每天没事就在本上写单词，你看。"他们一边说一边把小南的作业本给她。

姜红打开一看，真的，作业本上密密麻麻地写满了歪歪扭扭的单词。

"我们简直都不敢相信呢。老师真是谢谢你啊。"小南的父母掩饰不住内心喜悦。

姜红有些不好意思了，她想，我只不过是夸了他一句，没想到竟然有这么大的力量。

从此之后，姜红每次上课都要表扬小南，不是说你的单词记得更牢了，就是说你的发音有进步。每当这时，小南就会欣喜地抬起头，用他乌黑发亮的眼睛看着她。那信任和感激的眼神让姜红总是情不自禁地感到心疼。这可怜的孩子什么时候才能变得开朗活泼，和窗外的那些小孩在操场上奔跑呢？

不知不觉，姜红这份家教已经坚持了两个月，小南的英语成绩也提高到两位数。这样的成绩让同学们惊讶不已。她们问："你究竟是施了什么魔法让这个傻瓜开窍的？"姜红争辩说："他可不是什么傻瓜，他只是太内向而已。等着吧，你们会看到他用英文和你们交流的。""哇！好自信啊。"同学们不相信地笑倒在地。

虽然姜红嘴上这么自信，可是心里还是有些担心。小南学了那么久，还从来没有用英文和她说过一句话呢？

一个星期六，姜红和往常一样来到小南家。刚刚进门，小南的父母就悄悄地对姜红说："小南今天有礼物送给你。"

姜红正纳闷，小南从他的房间走了出来。他憋着劲，想说什么又说不出来。他父母急了，一个劲地催他："说呀，别怕，

快说呀!"

这时聪明的姜红已经明白了八九分。她的心里也一样紧张,可是为了让小南放松,她仍然微笑着,用英文对小南说:"早上好! 小南。"

"早上好! 老师。"小南终于说出来了,大家都如释重负。这是小南第一次说完整的英文句子。

姜红一直到大学毕业,都是小南的英语家教。这在她的家教史上可是创纪录的。而对小南来说,这也是第一个那么长时间的英语家教。他后来克服了自卑,和其他孩子一样顺利地升入高中,考上了大学。他说他永远都会记得这善意的鼓励。

善良是正确的事

在傍晚时分的街道上,回家的路人行色匆匆。街灯似明非明,天还下着小雨,整个世界都好像笼罩在一片灰蒙蒙的雾中。在这样的情况下,一场悲剧发生了。一位骑着自行车的女子,被一辆从后面超车的货车剐了一下。女子顿时像叶子一样飞起来,然后重重地摔倒在地。肇事的货车非但没停,反而加速疾驰而去。

行人都停下了脚步,他们围着那女子议论纷纷,却没有一个人上前扶她一把,也没有一个人打电话报警。一个小伙子,还趁着混乱偷偷地拎走了女子甩在路边的皮包。

最开始,那女子好像死了,一动不动。但这嘈杂的人声吵醒了她。她开始呻吟,还不时地发出微弱的呼救声。围观的人们还是没有上前。这时,一位放学路过的中学生目睹了此刻的情景。他放下自行车,不顾同伴的劝阻,把这位女子送到了最近的一家医院。

经过抢救,女子终于脱险了。闻讯赶来的伤者家属,不问青红皂白,对着少年就是一顿痛打。如果不是医生和交警及时

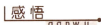

制止，这位少年恐怕早就被打昏在地。

更可气的是，这些伤者的家属在得知事情的真相时，用毫不信任的目光看着少年，仿佛交警说出的话是假的似的。他们很客气地对交警说谢谢，而对这位救了人还无辜挨打的少年什么也没说。最后还是在交警的催促下，他们才很不情愿地付清了被打少年的医疗费。

少年回到家之后，父母闻知事情的经过，又是心疼又是气愤。尤其是母亲，她一边骂着忘恩负义的伤者家属，一边数落着儿子。

"谁让你管闲事来着？谁让你出头的？你看人家都不上前，就你笨。"

少年争辩说："难道就眼睁睁地看着她死啊？"

"你不救她，自有警察会去救她。用不着你这个学生多管闲事。"

"当时没人报警，再说等警察赶到她可能早死了。"

"那就是她运气不好，怨不得谁！"

少年听了，一气之下进了房间。

妈妈还在外面喋喋不休："不听老人言，吃亏在眼前。这下尝到滋味了吧？"

后来少年发现这并不是妈妈一个人的想法，很多邻居听说，也都说这孩子心眼好，就是傻了点。更气人的是，一个平时与他不和的邻居知道后，还冷嘲热讽，说："他还不是想做英雄，这下可好，被人打了，真是活该！"

少年非常伤心地回到了学校。让他安慰的是，老师表扬了他。原来交警把他的事迹告诉了他所在的学校。学校决定表彰他。在同学们崇拜的眼神中，少年感到这个世界还是有更多的人想做好人。

当时校长问他："你救了人还被打，是不是觉得很委屈？"

"是有点，不过后来想想，我救人又不是为了回报，何必

感悟
ganwu

别忘了，你和你的亲人有一天也可能会遭遇不幸。行善和救人是一个人一生都值得做的事情，所以，做自己认为正确的事，让别人去说吧！

计较他们感不感恩呢？再说我被打只是很偶然的情况。以前我帮助过别人就没这样。只是我不明白，为什么那么多的人围观，却没有一个去救人？为什么我救了人被打，不是被人当成傻瓜，就是被人讥为想当英雄？"

校长沉默了半晌，问道："你觉得救人是正确的事吗？"

"当然。"少年毫不犹豫。

"那就做自己认为正确的事，让别人去说吧！"

无用的慈善雕塑

有一位大富翁，向边远山区的一个中学捐了 10 万块钱，用于购买一尊昂贵的不锈钢雕塑。很快，学校正门的空地上就出现了一座雄伟的雕塑。

雕塑安放稳妥之后，学校举行了隆重的剪彩仪式。当地的书记和乡长都前来致了辞。除此之外，富翁此举还吸引了一些记者来采访报道，富翁"慈善家"的美名由此传了出去。

富翁为此沾沾自喜。有一天，他向自己一个并不富裕的朋友吹嘘，说自己是如何如何的有爱心，对一个乡间中学就捐了 10 万块。还说自从有了这雕塑，那破烂的学校显得气派多了。

这位朋友听了笑道："恐怕未必吧。你想想，在一排破烂低矮的平房前面，摆着一尊闪闪发光的雕塑，就好比一个衣着破烂的人戴着一个名贵的宝石戒指一样滑稽。"

富翁觉得朋友说得有道理，但又不甘心承认，就争辩说："那这总比一无所有强多了。"

"才不呢。为了不让这些淘气的孩子们在这尊雕塑上乱涂乱画，学校专门派了个人守着它。同时为了随时保持这尊雕塑的干净整洁，学校不得不给学生们排值日，每天轮流擦洗。哎，这学校可真得了件宝贝，一件既不能吃不能喝不能穿又花人力物力的宝贝！"

当你想帮助别人的时候，一定要先清楚对方真正需要的是什么，千万不要盲目行善，像这位富翁一样，不但没解决人家的实际困难，还给他们带来了麻烦。

富翁不信，两人争吵起来。最后他们决定亲自到学校去看一看。为了不让别人认出他们的身份，他们把车停在离学校百米远的空地上，然后走路过去。还没进校门，他们就看见有几个瘦小的学生爬在雕塑上，用毛巾费力地擦洗。其中一个孩子一下没站稳，就顺着雕塑滑了下来，一屁股坐在地上，疼得龇牙咧嘴的。余下的几个孩子乐得哈哈大笑，也都滑了下来。他们坐在地上歇息，谁也不愿再干活。这时走来了一位老师模样的人，他大声地呵斥着学生，催促他们起来干活。

富翁见此情景，不禁皱起了眉头。

"怎么样？我说得没错吧？"朋友揶揄道。

富翁装作没听见，他走上前去，扶起一个坐在地上的学生，问："小朋友，你喜欢这座雕塑吗？"

"喜欢？"这个学生脸上露出鄙夷的神色，"它放在这不能吃不能喝，还得我们伺候，我简直做梦都想把它炸了。"

富翁气得满脸通红，他说："你怎么能这样？这可是人家的一片好心哪！"

"对，这是人家的一片好心，可惜用错了地方。你看，我们平时上课用不起好的作业本和钢笔，甚至连一张像样的凳子都没有。他为什么不花少点钱给我们买这些必需品呢？"

富翁恍然大悟，可是他仍然不承认自己有错。他对朋友说："不管怎样，我是做了件好事。这总比你什么都不做强。"

"你怎么知道我什么都不做？"

"那你捐了多少钱？"

"1万块。"

富翁哈哈大笑起来："才是我的十分之一。在这所学校，我捐的钱可是最多的！"

"是的，你捐的是最多的。可是那只是你财产的百分之一，而我捐出的是我财产的十分之一。更重要的是，我的钱都用在了他们最需要的地方。你知道吗？这些孩子用的铅笔都是我赞

助的。"

富翁顿时哑口无言。

到处都是善良的人

一个周二的早晨，街上挤满了汽车和赶着上班的行人。路边有一个面色焦急的男子，正在不停地向过往的出租车招手。在他身后，是两个大大的行李箱。一眼便知要去赶火车。可是在这个点上，几乎所有的出租车都坐满了人。他绝望地站在那儿，眼巴巴地看着一辆又一辆的车子在他的面前驶过。

大概过了 10 分钟，终于有一辆空车驶了过来。这名男子赶紧跑过去招手，车子缓缓地在他面前停住。就在他把行李箱往车子上移的时候，一名戴着墨镜的小伙子飞快地跑了过去，抢着进了出租车。这名男子愤怒地冲上去，想把这名不懂礼貌的小伙子拉出来。可是车门紧闭，任他怎么使劲也打不开。小伙子冲他嘿嘿一笑，然后示意司机开动车子。

司机只好无奈地看了一眼这名倒霉的男子，一溜烟地开走了。这名男子气愤至极，但又毫无办法，只好对着远去的车子破口大骂。

这一幕正好被坐在后面一辆出租车上的李太太看见了。她正要到东城的女儿家去。她看到此情此景，马上让司机停车。司机惊讶地问："太太不是要去东城吗？难道现在就要下车?"

"我想问问前面那位先生，看他愿不愿和我一块搭乘。"

车子在这名男子面前停下了。

李太太探出头来，问："先生，您这是去哪儿？说不定我可以捎您一程。"

那名男子先是一愣，然后说："我要去火车站，太太，您是去哪儿?"

"我刚好和您顺路，你赶紧上来吧!"

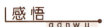

"太好了！谢谢您。"这名男子喜出望外。

在路上，两人聊了起来。

"先生不是本地人吧？"

"我是外地的，来这办点事。今天准备回去。我订了早上九点半的火车票，本来让宾馆的服务员七点半送过来的，可是他们竟然到八点多才送回来，弄得我匆匆忙忙的。更可气的是，刚才好容易打了辆出租车，竟然被一个小伙子给占去了。真是太可恶了！"

"就是，他怎么能这样做呢？"李太太附和道。

"刚才我还在诅咒这个城市，以为这里净是坏人，没想到还能遇上您这样的好人。这让我对这个城市的印象又有了改观。"

李太太微微一笑，她没想到自己的善举竟然能有这么大的作用。

大约过了20分钟，车子到了火车站。那名男子先下车了，他从怀里掏出一张百元钞票，坚持要付全部的车钱。

李太太连忙谢绝了，她说她还要去很远的地方。一番推让，最后男子付了属于他的那部分车钱。

离开火车站之后，司机问李太太："还去东城吗？"

"当然。"

司机一边掉头一边说："那您明明和他路线不一样，为什么还非要捎上他呢？这样多耽误您的时间哪。"

"我反正没什么要紧的事，多花点时间没关系。他正要赶车，如果误点了就糟糕了。"

"太太，您真是好人，还不愿告诉他你们不同路。"

"刚才他受到那样的侮辱，心情一定很糟。如果我告诉他我们不同路，他的心情一定会更糟糕的。"

感 悟
ganwu

在受到不公正的待遇时，千万不要对这个世界失去信心，因为到处都是善良的人们。也不要以为别人的帮助都是微不足道，有时，人们一件小小的善举竟然可以挽救一个城市的形象。

助纣为虐

从前，深山老林里住着一只狮子王。它整日残杀无辜，性情十分残暴。那些弱小的动物只要远远地见到它，都吓得惊慌失措，没命地逃跑。所以狮子也并不是那么容易就能饱餐一顿。有一天，饥饿的狮子看见一只梅花鹿正在小溪边喝水，它猛扑过去。梅花鹿在水面上的倒影里看见了狮子，吓得撒腿就跑。因为狮子只是为了一顿饱餐，而梅花鹿却是为了自己的性命，它们跑的速度自然就有了差别。很快，梅花鹿就逃得无影无踪了。累得气喘吁吁的狮子气得要命。

忽然，它看到丛林里睡着一只豺狼，心里一喜，就蹑手蹑脚地走过去，一把抓住了这只倒霉的豺狼。

豺狼哀求道："大王，求求您放过我吧！"

狮子得意地说："我也很想放过你，可是我一整天都没吃东西了。"说着就要咬豺狼的脖子。

豺狼连忙说："我的肉又酸又硬，远远比不上梅花鹿的肥美。您还是放过我吧！"

"梅花鹿？"狮子想到刚才的事就生气，"我最恨梅花鹿了，刚才我追了那么久也没吃上一块鹿肉。真是气死我了！"

豺狼乘机道："大王，梅花鹿跑得很快。不过比起我来还是慢了点。要是您相信我的话，今天就放过我。我保证把梅花鹿抓来献给大王。"

狮子一听，觉得很合算，就放开了豺狼。临走前警告豺狼："别和我耍什么花招，在日落之前，我一定要吃到鹿肉。否则我会把你撕成碎片。"

豺狼答应之后，真的去抓梅花鹿了。可怜的梅花鹿哪是豺狼的对手，不一会儿，豺狼就把梅花鹿献给了狮子。

狮子对豺狼的表现很满意。它说："你做得很好。我决定

感悟
ganwu

助纣为虐的人，往往是害人又害己，没有一个有好下场。

让你做我的助手，每天负责我的饮食起居。我不会亏待你的。"

豺狼高兴地答应了。从那以后，它当上了狮子王的助手，整日神气活现的。森林里的动物们见了它都要毕恭毕敬。否则它就会向狮子告状，然后设计把你抓住，献给狮子王当晚餐。

狮子自从有了豺狼当助手，再也不用辛苦地去寻找食物了。它给豺狼加官晋爵，豺狼几乎就是一人之下，万人之上。

动物们恨死了它，可是豺狼比狮子狡猾奸诈，很少有动物能逃得过它的魔爪。

渐渐地，森林里的动物基本上被豺狼抓光了。狮子王盘子里的食物越来越少。终于有一天，狮子王发怒了，它冲着豺狼叫道："最近我的食物是越来越少了，你是不是不想活了？"

豺狼委屈地说："不是我不努力，而是森林基本上没什么可吃的了。"

"什么？那我只好把你吃了。反正你作恶多端，是该得到报应的时候了。"说着就扑向豺狼。

豺狼没来得及挣扎，就被狮子咬断了脖子。

多行不义必自毙

唐朝到了高宗的时候，由于高宗身体羸弱，常常由皇后武则天处理政事。等到高宗死后，武则天独揽大权，废了儿子，自己登基当了皇帝。当时很多官员都对她不服，甚至还有人造反，严重威胁了她的地位。于是武则天网罗了一大批酷吏，利用他们为自己清除政敌。

酷吏都是一些冷漠无情、嗜杀成性的人，他们想出了各种严刑酷法来对付犯人。其中就有一个叫来俊臣的人。他年幼的时候就性情凶残，不务正业，人谓举世无双。他听说武则天厚待告密之人，就整日搜集官员们的罪证，屡次告密，逐渐得到了武则天的赏识。

来俊臣善于察言观色，皇帝一旦对某人不满，他必有办法使之入狱。如果一时找不到对方犯罪的证据，来俊臣就会授意市井之中的一批无赖，让他们串通一气，罗织被诬官员的罪名。这样告的人一多，上面想不怀疑也难了。就这样，来俊臣帮武则天除掉了不少难缠的对手，他的仕途自然也是越走越宽，屡次升迁，在一定程度上掌握着朝廷命官的生杀大权。

来俊臣制狱非常严酷，往往是抓一个人，就会牵出一大串，结果株连者达上千人之众。他每次审问犯人，不问罪名轻重，也不管你是王公贵族还是朝廷重臣，一律先把那些可怕的刑具扔在地上，问："你可知罪?"犯人们一见这样的阵势，吓得魂飞魄散，不管是什么罪名都一口承认下来。而那些拒不承认的犯人呢，就会受到最严酷的刑罚。有的是用醋灌入犯人鼻中；有的是把犯人装入狭小的瓮中，用火在外面焚烧炙烤；有的则几天几夜不给饭吃，逼得那些犯人只好靠吃棉絮维持生命。在这样的严刑拷打下，犯人就是不死，也会终身残废。要是遇到皇帝的生日或是什么重大节日，皇帝会大赦天下。来俊臣不敢违抗赦令，但他却会在宣示赦令之前，派人把那些囚犯杀死。

在来俊臣当道的那些年里，死在他手上的人不计其数，弄得朝廷中人人自危。这些官员们每次上朝，不像是例行公事，反而像是去送死。因为谁也不能预料，半路上会不会突然跳出来俊臣的人，不由分说地把你拉进牢里，然后随便定个罪名，无声无息地就把你给折磨死了。所以，他们每日上朝都会先与家人诀别，说："我这一去，还不知能不能回来见你们。"其家人闻言，往往是泪如雨下，情景不胜凄凉。来俊臣之所以这样横行霸道，为非作歹，完全是因为得到了武则天的支持。可是来俊臣却得意得有些忘乎所以，竟然把魔爪伸向了武则天身边的红人，包括武氏诸王、太平公主，还有受到皇帝宠幸的张易之等人。这些人可不是好惹的，他们相互通气，加上有武则天护着，来俊臣好几次诬告都没有得逞。后来，这些人觉得来俊

感悟 ganwu

多行不义必自毙。像来俊臣这样作恶多端的人，在开始的时候还能为人所利用，但是当他的利用价值失去了，没有人会愿意留这样一个险恶的人在身边。

33

臣一日不除，他们就一日不能安心，于是就联合那些早已恨透来俊臣的诸王大臣们，一起在武则天面前告状。武则天虽然不想杀来俊臣，可是一方面因为自己的地位已经稳固，不需要再靠杀人来示威；另一方面也考虑到来俊臣杀人过多，众怒难犯，于是就将来俊臣下狱了。

来俊臣自己下了狱，尝到了那些残酷刑罚的滋味，真是自作自受！后来，来俊臣被斩于集市，那些对他恨之入骨的百姓，争相上前割他的肉。才一眨眼的工夫，曾经不可一世的来俊臣就只剩下一具空空的骷髅了。

接受帮助也是美德

那年学校放假，火车从黑龙江哈尔滨起程，回家要几十个小时。到吃晚餐的时间了，我的肚子饿得咕咕叫。此时，服务员推着餐车叫卖过来。同座的人都在买饭吃。我知道我的腰包里只有十元钱了，服务员打完邻座的一份饭后问我："小伙子，你要不要一份？五块的、十块的都有。"我说："好吧，那就来一份五块的吧。"我边说边掏钱。忽然，我只感到脑瓜子"嗡"的一下响，糟了，钱没了。我急忙制止服务员打菜，说我的钱被偷了。邻座的人的眼睛都齐刷刷地射向我，同排一位中年女人说："小兄弟，我这里刚好有五块零钱，你就打一份饭吃吧。"我红着脸说："不，不，我不饿。"对面两位客人又对我投来有点让我受不了的眼光。我猜测，他们是不是认为我在骗饭吃或是个穷乡下佬。一股火气油然从我心底升起。我坚决地拒绝了中年女人的帮助，一场尴尬就这样过去了。

次日起来，我只感到肚子难受，头有点晕晕的。我知道这是饿的结果。我只好多喝水，以水充饥。当邻座的人都在吃早

|感 悟|
ganwu

基于种种理由，我们都习惯第一时间拒绝陌生人的所有帮助，并且揣测别人的好意。如果我们把他人的心陌生化，那么我们将会被世界陌生化；如果我们被他人的心感动，那么我们将会被世界感动。

餐时，我有意地起身上卫生间，为的是回避……

又到吃午饭的时间了。当餐车推近我们座位时，那位中年女人又说："小兄弟，我给你买一份饭吃吧，再不吃东西，是会伤身子的。"她是靠在我耳边说的，别人听不见。我婉言谢绝了她，邻座的人吃饭时，我借机去打开水，在车厢交接处看风景。

我回到座位处时，中年女人正在看杂志。她见我回来，将书给我说："你想看看吗？"我接过书就看起来。水喝多了，尿也多了。当我再次从卫生间回来时，她在收拾东西，我问："你要下车了？"她说："是的，前面这个小站，我就下。"车停了，她将手中的杂志给我，说："小兄弟，这本杂志就送你看吧。我知道你爱看书。"说完她就下车了。我从心里感激她，因为她给我送来了精神午餐。当火车开动时，我打开书，意外地发现书里藏着一张五十元的钞票和一张纸条，上面写着：

小兄弟：帮助别人是美德。但有时候，敢于接受别人的帮助，也是一种美德。拒绝别人的善意，有时可能会伤害别人善良的心。

看着这富有哲理的温暖文字，我的眼里热热的。

第2章
尊严无价

曾经有一个平民
宁死不食嗟来之食
从此，我们知道了尊严的可贵
曾经也有一个国王
因为一次失礼的举动
招来了杀身灭国之祸
从此，我们知道了尊重的重要
但世上有更多的人
却是因为不懂得尊重他人
从而造成了交往的困难和阻隔
请学会尊重吧
尊重师长，尊重朋友，尊重自己身边的每一个人
因为在这个世界上，每个有灵魂的生命都会有尊严

张良纳履

张良是辅佐汉高祖刘邦成就大业的功臣。在小的时候，他就懂得如何尊重长者，做一个信守诺言的孩子。

感悟
ganwu

这篇故事常常被拿来作为信守诺言的范本，可是张良若不是从一开始就尊重长者，又怎么会有后来的奇遇呢？可见尊重是与人交往的第一步。

有一天，张良路过一座桥。一个穿着粗布衣服的老者来到张良跟前，突然将自己的草鞋扔到桥下。张良正奇怪间，这位老者对他喝道："小子，把鞋给我捡起来！"张良听了十分生气，真想骂他一顿，可是看到他上了年纪，又于心不忍，就忍着怒气下去把鞋捡了起来。

谁知这位老者非但不感谢张良，还提出了更无礼的要求，要张良帮他把鞋给穿上。张良想：既然帮他捡了鞋子，不如就帮他穿上吧。于是跪在地下，心平气和地帮老者把鞋给穿上了。

老者心满意足地离去了。张良目送着他的背影，突然觉得这位老者不是凡人。正发愣间，那位老者又回来了，他对张良说："孺子可教也，五天之后天一亮，你就来这儿见我。"张良心想他果然是个不平凡的人，于是就行了一个礼，顺从地说了一声"是"。

过了五天，天刚一亮张良就赶到了桥上。可是老者早已先他一步。老者见了他非常生气，骂道："你也太不守信用了！与长辈约会竟然会迟到！过五天再来这儿见我！"

又过了五天，鸡一叫，张良就跑着去了。可是老者又比他先到。这次老者又生气地数落了他一顿，约他过五天再来。

这次张良吸取了前两次的教训，半夜就跑到了桥上。过了

一会儿，老者来了，见到张良，非常高兴，说："这才像话。"然后掏出一本书，说："读了这本书之后你会成为皇帝的老师。13年后你在济北会见到我，黄山下面的那块黄石就是我了。"说完就飘然而去。

原来老者给张良的书是《太公兵法》，也就是姜子牙所著的兵书。张良日夜研读，后来终于成就了一番大事业。

尊严的距离

早晨上班坐公交车。车到下一站的时候，车门边探出一颗男人的头来。"早上好！"响亮的问候。"早上好！"司机回过头去又接着补充道，"29路车。"随着一声"谢谢"，男人磨磨蹭蹭地上了车。随后，那些一直在耐心等候的人们也陆续上来了。车辆启动得异常慢而平稳，男人还是晃了一下，手上的那个棍子也随即摇晃起来。原来，他是个盲人。

我想伸手去扶他一下，可看着周围的那些或坐或站着的人们，投去的只是些许关切的目光，伸出的手又羞怯地缩了回来，心也不禁凉凉的。

当我愤愤不平地和朋友说起此事时，他的脸上漾起了一层"可以理解"的笑意。然后，他说了一条关于"一米距离、两米距离、三米距离"的理论：

"一米距离"给那些至爱亲朋；"两米距离"给同事、客户等关系若即若离的人们；而"三米距离"则给那些陌生人，谁都不能越位。距离太近，让人产生窘迫感，而距离太远，又使人产生隔阂。就像那位盲人，在他根本不可能倒下时，去扶他

| 感悟
ganwu

距离产生美，而尊严也需要距离。公车上的盲人需要的不是我们去扶一把，而是关注的眼睛和善意的小提醒。不管是谁，他们都有着力所能及的事情，完成这些事情可以维护他们的尊严。如何去尊重别人，如何去维护别人的尊严，也许我们得找出恰当的距离，并在这个距离的范围内，用理解去包围和保护。

一把，也许就侵犯了他的"尊严距离"，他会不会因此感到窘迫呢？这时，我们可以做的，也许只是像那位司机那样，告诉他，在他面前停下的是不是他要坐的车，启动时尽量平稳一点；像那些不烦不躁的乘客，给他让出一条路，留出一些时间。

我们在想帮助他人时，别忘了顾及他人的尊严与感受，哪怕是出于好意。

尊重他人的选择

有一天，两位中年人正在茶馆里谈论报纸上的一则新闻。

新闻说的是一位姓戴的留德博士，在江苏扬州开了一家"阿里郎韩国料理馆"，开张不久就成了扬州及周边县市韩商和日商定点聚餐的场所，生意非常兴隆。

一个人说："一个堂堂的留德博士，竟然去开餐馆，简直就是人才的浪费。"

另一个人说："也不能这样说。你没看到报纸上说他开餐馆就是为了给自己积累的知识找一个'试验田'，同时为自己将来涉足食品制造业积累经验吗？"

"那他可以开食品公司，为什么非要开餐馆呢？"

另一个人想了想，说："你说的也是，好像是有点大材小用。"

"现在的年轻人，真不知脑子里在想些什么。"

"就是，前不久我邻居家的孩子好好的大学不念，非要去搞什么摇滚，弄得人不像人，鬼不像鬼，把他爹妈给气坏了。"

"哎呀，这些年轻人也太没志气了。"

"如果是我家孩子这样，我准保打断他的腿！"

两人聊得正欢，一位熟人走了进来。听到他们谈论这个话题，就问："你们年轻的时候想做什么？"

"我想当科学家，所以我现在进了化工厂。"

"我想当英雄，所以参军了。"

"你们的理想真够远大的。可是你们知道我想做什么吗？"

两人摇摇头。

"那时我的理想是到有钱人家去洗碗，因为这样每天都能吃上一点猪油。"

两人听了哈哈大笑。

"你们一定觉得不理解，是吧？我小时候家里特穷，一年到头吃不上一点荤，而邻居的大妈却能，因为她每天都要帮有钱人家洗碗。所以我就有了这个想法。"

两人听了，顿时沉默了。过了一会儿，他们说："对不起，我们不该笑你。"

"没关系，我只是想说，每个人都凭着自己的想法作出选择。这个选择，你可以表示不理解，但是不可以不尊重，更不能轻易地对之加以指责和嘲笑，毕竟，那是他们自己的选择。"

有尊严的活法

这是关于两个小人物的故事。

先说华思。这是一个头发花白但很整齐的老人，他瘦小驼背，无亲无故，孤零零地住在印第安纳波里斯市北区一幢

感悟
ganwu

对于他人的选择，你可以不理解，但一定要尊重。因为不管怎么样，那是他们自己的选择。

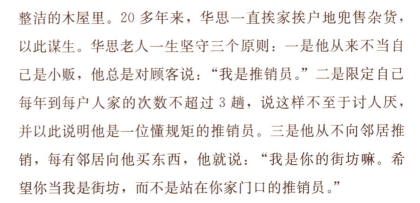

整洁的木屋里。20多年来，华思一直挨家挨户地兜售杂货，以此谋生。华思老人一生坚守三个原则：一是他从来不当自己是小贩，他总是对顾客说："我是推销员。"二是限定自己每年到每户人家的次数不超过3趟，说这样不至于讨人厌，并以此说明他是一位懂规矩的推销员。三是他从不向邻居推销，每有邻居向他买东西，他就说："我是你的街坊嘛。希望你当我是街坊，而不是站在你家门口的推销员。"

另一个故事的主人公也是位老人，他是纽约的一位普通工作者，叫布鲁斯。这位老人在一次中风被治愈后，被公司调去开电梯。这实在是一个最最缺乏情趣的工作。但布鲁斯在接受这份新工作的当天就想："我不知道一个普通的电梯工人究竟能做什么，才能使这份工作在我的手上有所不同。"上班的第二天，布鲁斯就在电梯里贴了一幅画，是一些排列在碗柜里的盘子。后来，他又贴了家人的照片，再后来他又从家里带来鲜花和植物。直到他的CD机里放出音乐，电梯里的乘客才开始相互交谈起来。本来陌生的人们，在布鲁斯营造的宽松、融洽、温馨的氛围里，不再陌生。所有乘坐布鲁斯电梯的人都感觉到，原来陌路人也是可以成为彼此交流、彼此沟通的朋友。渐渐地，布鲁斯发现他起初想着为别人做的事，也使他自己跟着发生了变化，并从中获得了许多乐趣。

以礼待人

张仪是战国时期有名的政治家，他帮助秦国消灭六国，为秦国成为第一个统一中国的王朝作出了很大贡献。在张仪还没发迹的时候，他四处流浪，游说诸侯，希望有人能重用他。但

感悟 ganwu

华思不轻视自己，他努力做到：既要生存，又不至于让顾客讨厌自己，在邻居面前坚守"街坊"的角色不变。而布鲁斯即使从事着一份很普通的职业，也决定将其干得"有所不同"。人的尊严取决于你在爱自己的同时，也让接触到你的人分享到一份爱意。

千里马常有，而伯乐不常有，张仪一路上受过不少白眼。因为听说秦惠王求贤若渴，他决定前往秦国。

在路过东周的时候，张仪受到了周昭文君的礼遇。原来在他还没到东周的时候，就有宾客对周昭文君说："魏国的张仪是一个人才，他现在要前往秦国，希望大王能以礼待他。"周昭文君见了张仪，觉得他一表人才，博古通今，真是一个难得的人才，但苦于自己权力衰微，无法留住张仪。

一日在宴席之上，周昭文君诚恳地对张仪说："听说您要去秦国，寡人国小，不足以让您施展才能。但您去秦国也不一定能受到重用。如果不能的话，请您还是回到这里，只要您不嫌弃东周弱小，寡人愿与您一起分享。"

张仪听了十分感动，他说："我去秦国的决心已经不能更改了，但大王的恩德，我一定谨记在心。"

后来张仪到了秦国，果然得到了秦惠王的赏识，被重用为丞相。但周昭文君的礼遇，张仪始终记在心里，一有机会就会报答。在诸侯会合的时候，张仪对待国小民弱的周国，比对待那些大国还要尊重，周昭文君也因此受到了诸侯国的尊重。

感悟
ganwu

尊重别人，别人也一定会尊重你。

座位与尊严

豆豆今年 11 岁了，妈妈说她可以单独坐公共汽车出去玩了。豆豆高兴极了，因为以前每次都是有大人陪着，一点都不自由。现在她想去哪儿就能去哪儿了。

这个星期六天气不错，豆豆决定去一个同学家玩。那位同学住在城市的另一头，豆豆得坐一趟公共汽车，然后再坐几站地铁才能到达。妈妈给她准备了足够的零钱，豆豆就高高兴兴地上路了。

公共汽车站好多人哪！豆豆好不容易才找到了自己要等的站牌。大概过了 10 来分钟，豆豆要等的车过来了。豆豆远远

一看，觉得车上好像还有很多座位，心中暗喜。

车靠站停稳，车门正离豆豆不远。豆豆提脚就上。谁知还没上去，四面八方的人就冲过来，一下子把她给挤到车门边上。豆豆被挤得两眼冒金星，幸好她一只手死死地抓住了车门。人们还在不停地往上拥挤，豆豆终于明白什么才叫做削尖脑袋往上爬。于是她使出全身的力气，终于给挤了上去。

在短短的几秒钟之内，车厢里的人好像就都满了。豆豆往里看过去，发现就最后一排还有一个座位。她正要走过去，一个留着长发的青年突然从后面超过她，一屁股坐在了那个仅有的座位上。

沮丧的豆豆只好用两只并不强壮的手抓住栏杆，好让自己不随着车的惯性左右摇摆。乐观的她想也许过两站就会有人下车。

过了几站，只见人上车不见人下车。豆豆有些灰心了。这样车又过了好几站。等到终于有人下车的时候，候补的乘客总是以意想不到的速度补上去。豆豆连一点机会都没有。

就在豆豆灰心的时候，突然响起一个甜美的声音。

"如果你不介意的话，就过来和我一起坐吧。"

豆豆一看，原来是一个和她年纪相仿的小女孩。她正坐在最后一排的中间。因为个子小，座位还留有一点点空地，刚好够豆豆坐。

豆豆刚想过去，但转念一想：如果我过去，那他们的座位不是更挤了吗？我怎么能不顾别人的感受呢。这样想着，她就对那位好心的小女孩说："谢谢，我马上就到了。"

话音刚落，豆豆就注意到最后一排的乘客们原本紧张的神色顿时放松下来。"他们肯定不希望我去坐。"豆豆这样想着，"看来我不去是对的。"

车子摇摇晃晃，又到了一个站。这时上来一对情侣。女的

感悟
ganwu

有时，贪图一时的舒服，也许会让你在他人面前失去无价的尊严。

说:"怎么这么多人哪?"

"就是,你忍忍吧。"男的边说边四处搜寻座位。突然,他的眼睛一亮。

"那里还有一个空位。"男的指着那个小女孩的座位。

"你没看见那里还有人吗?"女的说道。

"那只是个小孩。我们挤一挤,应该没问题。"男的说着就拉着女的往那儿挤。

最后一排的人一下子对他们怒目而视,可是他俩我行我素,一点儿也不在意人家的眼光。

好不容易在地铁站下车了,豆豆昏头昏脑的,如果不是想着坐地铁也许会好点,她是一点儿也没有兴致到同学家去了。可是地铁是一样的拥挤,乘客是一样的剽悍。豆豆亲眼看到一个个衣着时髦的小姐和一名西装革履的男士奋不顾身地抢座位,平日的优雅风度荡然无存。

从此之后,豆豆再也不想坐车出去玩了。

不要侵犯他人隐私

晋文公重耳在没有继位的时候,由于宫廷变故,不得不四处逃亡。在他所经过的国家,有的能以公子之礼待之,有的却因为他落难而瞧不起他。

重耳路经曹国的时候,曹共公不太想见他,可是听说重耳长有重叠的两排肋骨,觉得十分稀奇,就答应留下他。当天夜里,迫不及待的曹共公就趁重耳沐浴的时候,蹑手蹑脚地在窗外张望。重耳发现之后,气得想把曹共公给杀了,可是如今寄人篱下,又怎么能杀了他呢?不过君子报仇,十年不晚。重耳这样想着,就装成没事人一样。曹共公以为重耳并不知道,心中只是暗暗高兴。

曹共公虽然是个昏君,手下却也有像大夫僖负羁这样的有识之士。僖负羁早就看出重耳以后必能成大器，于是就劝说曹共公："晋公子是一个贤明的人，和我国又是同姓，现在他落难而投奔我们，应该以礼待之。"

曹共公不听，对重耳一行甚为怠慢，连饭食都给得很差。僖负羁知道之后，就偷偷派人给重耳送去酒食，并把一块价值不菲的玉璧藏在其中。重耳很感激他的好意，但只接受了酒食，而把玉璧送还了。

后来，经过了19年逃亡生活，重耳终于回国继位。他励精图治，把晋国发展成了一个富强的国家。在与楚国争霸的过程中，重耳出于战略的考虑，首先派兵攻打了曹国，其借口就是曹共公曾对其不恭。曹国弱小，不久就战败了。晋国俘虏了将重耳视为玩物的曹共公，报了仇。但是重耳也没有忘记僖负羁对他的礼遇。在攻打曹国的时候，重耳特别嘱咐兵士不要侵犯僖负羁的家，由此报答了僖负羁的恩情。

捡垃圾也能被尊重

我刚出国时，通过朋友认识了一位受人尊敬的教授杰克先生。杰克先生有50多岁了，为人和蔼，生性乐观。他第一次见到我的时候竟然说："嗨！从中国来的小伙子，希望你在这儿能够找到金子。"

当时我说："只要有一双发现的眼睛，金子一定会找到的。"

杰克先生对我的回答很满意，从此之后就经常和我往来。我也乐得向他请教问题。

杰克先生的妻子已经去世，孩子们都成家立业。偌大的一栋别墅只有他一个人住。但他好像并不寂寞，整天种花种草，还养了几只可爱的小狗。他说这些都是他的孩子。

有一天，我在杰克先生家用餐之后，杰克先生说："我们

感悟
ganwu

每个人都有一些不为人知的秘密，可是偏偏有人为了满足自己的好奇心，而不惜去侵犯他人的隐私，这本身就是对人极端的不尊重。

一起出去散散步如何?"

我当然乐意。于是我们就出门了。这时我发现杰克先生手上提着一个小桶。

"这是干什么?"我问。

"捡垃圾啊!"他满不在乎地说。

我吃了一惊。虽然在国内的时候听说有些西方人会义务为街区捡垃圾,打扫卫生,但那时的我真的不是很相信。

没走两步,杰克先生就在路边发现了一张废纸,他马上跑过去捡起来,嘴里还说:"哟,还是一张画报呢!怎么给撕成这样了呢?"

这时我见到对面来了几个人,赶紧对杰克先生说:"我们走吧。"

可是杰克先生说:"再等等,这里还有一个罐子。"

那几个人已经走过来了,他们十八九岁年纪。见到杰克先生,他们没有像我想象的那样露出异样的眼光,反而都亲切地向他问好。其中一个女孩,还冲上前去吻了一下杰克先生,说:"杰克先生,上次我送你的玫瑰花好看吗?"

杰克先生马上露出一个微笑:"非常好,宝贝,简直就和你一样漂亮。"

女孩甜蜜地笑了:"谢谢,杰克先生,再见。"

最后他们欢笑着走远了。杰克先生又开始埋头捡起垃圾来。此时的我,心情已经从捡垃圾的羞耻变成了没有帮忙捡垃圾的羞愧。我开始明白,杰克先生为什么这么受人尊重了。

从此之后,我经常和杰克先生一起去捡垃圾。有时我走在路边,要是看到什么纸屑之类的垃圾,一定会停下来,将它们扔进垃圾桶。我非常感激杰克先生,因为是他让我在这里发现了金子。

感悟
ganwu

一个人受不受尊敬,关键不在于他做的是不是伟大的事情,而在于他善良的心地和高尚的情怀。就像杰克先生一样,即使捡垃圾也能让人尊重。

张松献西川

感悟
ganwu

刘备对张松的礼遇，虽然很大程度上是一种笼络人心的策略，但是他懂得如何尊重人，这就比居功自傲、看不起人的曹操强多了。

在三国时期，益州之主刘璋软弱无能。曹操、刘备等势力一直对其虎视眈眈。有一年，军阀张鲁欲兴兵攻打西川，刘璋平生懦弱，听了这消息急忙召众官商议。忽然一人昂然而出说："主公放心。我虽不才，但凭三寸不烂之舌，必使张鲁不敢来取西川。"

这人是益州别驾，姓张，名松，字永年。他长得额镂头尖，鼻偃齿露，身短不满五尺，言语有若铜钟。刘璋问道："别驾有何高见，可解张鲁之危？"张松说："某闻许都曹操，扫荡中原，吕布、二袁皆为所灭，近又破马超，天下无敌矣。主公可备进献之物，松亲往许都，说曹操兴兵取汉中，以图张鲁。则鲁拒敌不暇，何敢复窥蜀中耶？"刘璋大喜，收拾金珠锦绮，为进献之物，遣张松为使。松乃暗画西川地理图本藏之，带从人数骑，取路赴许都。早有人报入荆州。诸葛亮便使人入许都打探消息。

曹操居功自傲，势力如日中天。张松费了几天工夫买通门卫才得以见到曹操。可是曹操一见张松的"尊容"，心中就有了几分不喜。加上张松言语冲撞，曹操几乎想把他杀了。张松回到旅馆，心想："我本想献西川州郡给曹操，谁想他如此欺负人！我来时于刘璋之前，开了大口；今日空手而回，恐被蜀中人所笑。我听说荆州刘备仁义，不如从那条路回，看看他这人如何。"于是乘马引仆从往荆州界上而来，前至郢州界口，忽见一队军马，约有五百余骑，为首一员大将，轻装软扮，勒马前问说："来者是张别驾吗？"张松说："正是。"那大将慌忙下马，说："赵云等候多时。"然后赵云盛情款待张松，军士都是跪着进奉酒食。张松自思："人说刘备宽仁爱客，今天看来果然如此。"于是与赵云饮了数杯，上马同行。来到荆州地界，

关羽亲自在旅馆门口迎接。然后摆上酒筵，好生招待。

第二天吃完早饭，张松上马行不到三五里，只见一簇人马到。原来是刘备引着伏龙、凤雏，亲自来接。遥见张松，早先下马等候。张松亦慌忙下马相见。刘备说："久闻大夫高名，如雷贯耳。恨云山遥远，不得听教。今闻回都，专此相接。如果您不嫌弃，不如到荆州歇息片刻！"张松大喜，于是上马入城。刘备自然又是设宴款待。自此一连留张松饮宴三日，并不提起川中之事。

张松走时，刘备于十里长亭设宴送行。刘备说："今日相别，不知何时才能见面。"说完潸然泪下。张松想："刘备如此宽仁爱士，不如把西川献给他。"于是劝刘备取西川。刘备起初推辞，后张松再三陈说利害，刘备才勉强答应。张松又送上西川地图，刘备拱手谢说："青山不老，绿水长存。他日事成，必当厚报。"张松说："我遇到明主，哪里还敢有回报？"说罢作别。孔明命云长等护送数十里方回。

后来刘备在张松等人的接应下，顺利地占据了西川这个战略要地，实现了诸葛亮"三分天下有其一"的战略意图。

流浪艺人的尊严

丁洁每天上下班都要经过一条地下通道。有一天，她和往常一样匆匆地走过，突然传来一阵拉二胡的声音。丁洁顺着声音望去，发现通道的角落里坐着一位衣衫褴褛的老人。他满头银发，看上去有 60 多岁，但是眼睛却十分精神。只见他专心致志地拉着二胡，仿佛根本没有在意放在他面前的那个盆子仍然空空如也。

丁洁觉得这个老人不寻常，就摸了摸口袋，掏出一个硬币。这块硬币"咣"的一声，掉在盆子里。老人仿佛没有听见似的，仍然拉着二胡。丁洁反倒觉得不好意思了，她骂自己，

为什么不用纸币呢？但周围的人听见这一声响，似乎得到了命令似的，一个一个地往里投钱，不一会儿这碗就满了。

丁洁没有看到这个情景，她投完钱就匆匆赶去上班了。从此之后，她天天都可看见这位老人。而丁洁每次都往里投零钱。这天，当她下班走过通道时，忽然听到老人在拉阿炳的《二泉映月》，这是她最喜欢听的曲目之一。于是，她不由得停了下来，凝神倾听。

老人咿咿呜呜地拉着，时而深沉，时而昂扬，时而悲恻，时而傲然。看着这位老人，听着这支曲子，丁洁仿佛体会到了一个流浪艺人的全部辛酸和愤懑，她不由得入了迷。一曲终了，丁洁鼓掌，周围的人也鼓掌。老人好像没有预料到有这样的反响，他有些不自然地放下二胡，站起来，对众人抱拳以示感谢。这时丁洁赫然发现，老人只有一条腿。

一种悲凉之情从丁洁的心头开始蔓延，她忍着泪，往碗里放下零钱后，就匆匆地走了。

以后，每当丁洁下班，她就能听到这首熟悉的《二泉映月》。她没有发现这有什么不寻常。

但有一天，丁洁加班，很晚才从通道走过。通道寂寥无声，但走进去之后，她惊奇地发现老人依然坐在那里。

老人看见了她，微笑了一下，然后架起二胡，开始咿咿呜呜地拉起《二泉映月》来。

丁洁猛然醒悟，原来老人留在这里，就是为了给她拉一曲《二泉映月》。一时，丁洁百感交集。她走到老人面前，拿出一张50元的钞票，放在碗里，说："谢谢你。"

老人见了，赶紧推辞："我拉的曲子不值这个钱。"

"不，这不仅是因为今天，还因为你以前所做的。我每天下班听到的《二泉映月》，是您，是您特意为我拉的吧？"

老人不好意思地笑了，他说："我每天在这里拉二胡，不管给钱还是不给钱的，大多数人都把我当做了乞丐，只有你，

感 悟
ganwu

对一个自尊的人来说，他更需要的不是同情和施舍，而是尊重。

才把我当做一个真正的艺人。因此我很感激你。今天，如果你执意要给我这 50 元，那么我会认为，你一定是和他们一样把我当做了乞丐。"

丁洁听了之后，收回了这 50 元。她从老人的身上，看到了一个流浪艺人的尊严。

尊重他人的职业

小云和小琳是要好的朋友，每天她们一块儿上学，一块儿回家。

有一天，她们和往常一样有说有笑地走在路上，忽然看到前面的路口站着一个发名片的大男孩。那个男孩显然是个新手，他脸上带着羞涩的笑容，努力地向每一个走过的路人递一张名片。但是路人来去匆匆，他们甚至连看也没看这男孩一眼。男孩有些气馁，但他一看见小云和小琳，心中又燃起了希望。他跑上前去，向她们递去两张名片。

小琳看都没看一眼，就厌恶地摆摆手，然后越过男孩，径直朝前走去。小云呢？她看了看男孩恳求的眼神，心想，这也许是男孩今天发出去的第一张名片。这样想着，就顺手接过了名片，然后轻轻说了声："谢谢！"那男孩一怔，然后就微笑了，眼里满是对小云的感激。

过后小琳有些轻蔑地说："最烦这些人了，厚颜无耻！"

"你怎么能这样说呢？这是他们的工作。"

"我看他们的工作就是制造垃圾，妨碍行人。"

"这可不一定，也许某些人真能用得着这些广告。"

"这破玩意有啥用啊？不信你看看。"

小云翻看了一下名片，发现这是一张订机票的优惠券。好像真的对自己没什么用。不过她对小琳说："现在没用，不过也许以后用得着。"说着把名片塞进了书包。

第二天，她们经过那个路口，又发现了那男孩。但这男孩和昨天已经大不一样了。只见他向每位路人微笑，不管接没接受他的名片。显然他已经找到自信，适应了自己的工作。可是男孩好像忘了昨天曾经发过名片给她们。他带着微笑走上前去，又朝她们发了两张名片。这次小云想说我已经有了，可是看到男孩的微笑，没好意思不接。小琳看到小云接了，一时兴起也接了。但没走两步路，她就顺手扔到垃圾桶去了。

感悟
gɑnwu

世上并不是所有的职业你都喜欢，但只要这项工作是正当的，你就应该表示尊重。

小云见了，有些责备地说："你不接就不接，既然接了，怎么能就这么扔了呢？你太不尊重别人的劳动了。"

"对我没用留着干吗？"

"那你不能等会儿再扔吗？要是被那男孩看见了，他该有多难受。"

小琳听后，有些后悔，嘴里嘟囔着："就是，我还没仔细看呢？该不会又和昨天的一样吧？"

"也许是一样。"小云边说边看，突然，欢喜之情跃然脸上，"小琳，你快看啊！这是一张免费的电影入场券。"

"真的啊？"小琳一把抢过名片，"我怎么扔了呢？太可惜了！哎呀！你快看哪，这下面有一行小字。"

这下面真的有一行小字：谢谢你对我工作的尊重和支持。

小云回过头来，发现男孩正在朝自己微笑。

我不是乞丐

在一个温馨的夜里，孙涛挽着女友在街道上散步。两人喁喁低语，不时发出朗朗的笑声。突然不知从哪儿冒出一个小孩，他仰着头问："先生，您需要擦皮鞋吗？"

刚才美好的情调一下子被打破了，孙涛有些恼火，他冷冷地说："不需要！"

小男孩失望地走了。

孙涛刚想继续刚才的话题，突然发现女友的表情有些不对。"你怎么了？"

"我，我觉得那小男孩很可怜。"

孙涛顺着女友的方向望去，发现那个男孩瘦弱的肩膀上负着一个沉甸甸的工具箱，右手还提着一个板凳，正在街道上不停地张望徘徊。

"他也许还没吃晚饭呢。"女友又说。

孙涛立即从兜里掏出10元钱，然后径直朝那个男孩走去。

男孩见了，眼里一下子放出了光芒，只见他马上解下板凳，取出工具。说："先生，我这就给您擦皮鞋。"

孙涛连忙把脚移开，说："不，我今天不需要擦皮鞋。这10元钱是送给你的。"

"什么，送给我？为什么？"小男孩疑惑地问，但一下子他就明白过来了。他有些轻蔑地说："我不要，你以为我是乞丐啊？"

孙涛愣了，他拿着这张钞票，一时不知说些什么。

这时女友走了过来，她亲切地对小男孩说："那你帮我擦擦吧。"

小男孩看了看女友的拖鞋，说："还是等你们真正需要的时候擦吧。"说完就走了。

小男孩走后，孙涛无奈地冲女友一笑，说："你看，好事没做成吧？"

女友没理会他的嘲讽，她一直看着这男孩的背影，半天才说："这孩子，还挺有骨气的！"

┃感悟
ganwu

一个有自尊的人，不会轻易接受别人的施舍。尤其是当他能自食其力时，你的好心只会让他误会。

他们也有尊严

一家豪华气派的五星级饭店里，进来一位20多岁的男孩。他穿着一件黑色的T恤和一条洗得发白的牛仔裤，和这里的富丽堂皇很不相称。

他走到服务台，问其中一位服务员："请问人事部在哪儿？"

漂亮的服务员抬了抬眼皮，然后随手指了一个方向。

男孩道谢之后就往服务员所指的方向走去。没多远，竟然走到了一个死角。前面是洗手间，再往里是一间像贮藏间一样大小的办公室，门前贴着一张纸，上面写道：服务生、清洁工应聘处。他疑惑地四处张望，人事部是在这儿吗？

这时迎面走来一位工作人员。男孩赶紧上前问道："请问人事部是在这儿吗？"

那人警惕地看了一眼，问："你是来应聘的吗？"

"不是，我是来找人的。"

"找谁啊？"

"找经理。"

那人脸色缓和了，说："人事部在二楼的东边，201室。"

年轻人有些生气地说："那为什么刚才那服务员告诉我说是这里？"

"也许……也许她把你当成前来应聘的工作人员了。真是对不起。"

年轻人脸色一沉，他说："请把你们的人事部经理叫来。"

不一会儿，人事部经理来了。他一看到年轻人，惊讶得合不拢嘴："总经理，您怎么来了？我们都还以为您明天才开始上班呢。"

原来这位年轻人就是董事长刚从国外回来的儿子，即将上任的总经理。他今天受了这样的待遇，心里十分生气。他对人事部经理说："你们的前台服务员是怎么回事，明明是问人事部，却自以为是地让我来这里。如果今天来这里的不是我，是别的客人，他们会怎么想？他们一定会说，这饭店的人真是太势利了，太不尊重人了。还有，就算是真的来应聘服务生和清

感悟 ganwu

千万不要以貌取人，不仅仅是为了避免出现"有眼不识泰山"的误会，更是因为这个世界上的每个人都有尊严。

洁工的，有什么必要看不起他们，把他们的应聘处安排到贮藏间来。难道以后他们不是你们的同事吗？你说，为什么要安排在这里？"

"对不起，总经理。我们怕他们人多，吵着客人，所以就安排在这里。"

"难道一楼没别的办公室了吗？马上再找一间。要知道，他们也是人，也是有尊严的。如果他们一来就得不到尊重，以后怎么会真心地尊重客人。"

尊重和文明

在一个下雨的早晨，一位教授准备到学校做讲座。由于时间很紧张，他开着车，在车来车往的路上赶路。在路过一条繁华的街道时，教授突然远远地瞧见前边的人行横道旁边站着几个要过马路的人。他们都挑着装得满满的一担菜，没有带雨伞，也没有带斗笠。雨水打湿了他们的衣服，但显然他们更在乎的不是这些。

车子一辆接着一辆呼啸而过，在他们面前溅起肆意的水花，却没有丝毫减速让行的意思。而这些菜农呢，一边害怕而无奈地看着疯跑的车子，一边焦急地看着箩筐里被雨淋湿的蔬菜。有好几次，他们中有胆大的人想冲破这肆虐的车流，可是车子不停地鸣着喇叭，越看人近开得越快，把他们给吓住了。

教授是研究社会学的，尤其是城市文明的建立，因此他看到此情此景，心里颇不是滋味。

教授的车渐渐开向人行横道，他提早踩了刹车，车缓缓地在那几个菜农的面前停下。然后教授挥手示意他们过去。这些菜农起初有些犹豫，后来看到教授友好的眼神，便重新挑起担子，开始穿过街道。

这时后面早已停了一大串的车，喇叭声此起彼伏，响成一

片。司机们纷纷探出头来，想知道前面究竟发生了什么。

当看见前面没有发生车祸，也没有遇到障碍物，只是有一行挑着担子的菜农时，他们愤怒了，有的骂骂咧咧，有的拼命按喇叭，有的则想超车。教授静静地坐在车上，眼睛只关注着那几个过马路的菜农，对来自后面的抗议置之不理。

这时那几个菜农已经到达了街道中央，可是他们却不由自主地停了下来。原来对面的车子依然畅通无阻，一点也没有想让他们过的意思。

教授见此情景非常生气。他冒雨从车上下来，伸出右手，示意对面的车辆有人要过马路。也许是看到他西装革履的样子，也许是看到他那种坚决的神情，对面的车子渐渐减速了。就这样，教授带着这几个菜农，走过了这条不足20米的街道。

教授回到车上的时候，发现刚才还此起彼伏的喇叭声已经停止了，代之的只是越来越大的雨声。

那天教授迟到了，同学们看到一向严谨的教授迟到，身上还被淋湿，吃惊不已。教授致歉之后，对同学们说："今天我要讲的题目是'文明与尊重'。"

感悟
gǎnwù

在这个世界上，没有人的地位是真正平等的。可是只要能相互尊重，这个世界将会变得文明、进步和温暖起来。

· 捐棉衣的老人 ·

有一年，某地突降暴雪，受灾的人不计其数。政府号召各地人们积极捐款捐物，帮助灾区人民渡过难关。

安莹是某地街道办事处的工作人员，她和同事们积极响应上级的号召，正在大街上张罗募捐活动。那天正好是星期六，大伙不用上班，一听说要募捐，都积极行动起来。很多人都捐了钱，也有的人把家里的棉衣、毛毯等衣物都抱过来。很快，这些衣物堆得到处都是。

突然安莹听到一声吆喝："干什么干什么？快走开，这些东西都是捐给灾区人民的。"

原来是附近一个靠捡垃圾为生的老人，他平日不怎么说话，大家都喊他哑巴。这时他正拎着一个蛇皮袋，在这一堆衣物边徘徊。办事处的工作人员显然是担心他把这些衣物当垃圾捡走了。

安莹连忙制止了那个吆喝的工作人员，她走上去，和蔼地对老人说："大爷，现在这里在捐款，您还是到别处去捡吧。"

老人抬起头，嘴唇嚅动着，仿佛要说什么，然而终于什么都没说，就背着他的蛇皮袋离开了。

他走之后，一切都恢复了正常。当衣物堆成了一座小山的时候，安莹安排几个工作人员把衣物运回仓库。

下午快收工的时候，那位捡垃圾的老大爷又来了。只见他手捧着一件半新不旧的棉衣，笑眯眯地走上前来。

"他拿着棉衣来干什么？"大家心里都纳闷。

这时让他们意想不到的事情发生了，老人把棉衣送到安莹跟前的桌子上，然后指指挂在桌子上的捐款宣传画。

"您是要捐棉衣？"安莹小心翼翼地问。

老人见安莹理解了，很高兴地点点头。

"不要！"这时身边一个年轻的工作人员说道，"谁知道你这衣服是从哪个垃圾堆里捡来的？"

老人听了这话，脸色陡然一变。安莹使劲瞪了年轻人一眼，然后和气地对大爷说："大爷，您别生气。他的意思是您自己也不容易，还是留着自己用吧。"

老人的脸色缓和了，但是任安莹怎么说他都不愿收回棉衣。安莹见他态度坚决，也就只好收了。末了她对老人说了声谢谢，老人听了，脸上露出自豪的微笑。

安莹他们收工回到了办事处。这时那位守仓库的老大爷跑过来对他们说："今天哑巴来过，硬是要把他的那件棉衣给捐了，我看他也不容易，就没收。"

安莹只好说了刚才发生的事情。那老人顿足道："你们怎

感悟
ganwu

人心的高贵与否与身份地位没有直接的关系。请尊重身边的每一个人，因为他们都有可能像这位捡垃圾的老人一样，拥有着一颗最为高贵的心。

么能收呢？那件棉衣还是前几年扶贫的时候政府送给他的。他舍不得，总共也没穿过几次。怎么就这样收了他的呢？"

原来是这样！大伙的脸上顿时火辣辣的。

教授的尊重

感悟
ganwu

教授没有因为这个突如其来的陌生人看起来像个疯子而拒绝他的要求，他尊重了他，同时也赢得了尊重，更感动了身边默默关注这件事的人们。的确，尊重一个人，与他的衣着、社会地位都没有关系，尊重每一个平凡的人，才是真正的尊重。

一个十分偶然的机会，我和贾教授一起去火车站送人。所送之人是贾教授的朋友，也是我家的远房亲戚。

那天正好是周末，学校离火车站又不是很远，他们年纪都比较大了，那位亲戚又带了不少的行李，需要上上下下的，于是我就责无旁贷地充当了"脚夫"的角色。

送走他之后，我和贾教授刚走出火车站出口不远，就看到一个疯疯癫癫的人迎了上来，拦住了我们的去路。他衣着褴褛，头发乱蓬蓬的。我原以为是一个讨钱的，就掏出一元钱来递给他。他瞪了瞪我，没有接，然后将目光移向了贾教授，小心翼翼地说："这位老先生，我看得出来你是个有学问的人，能不能给我讲讲关羽是怎么死的？"

我想推开他，贾教授却阻止了我，领着那个疯子到了一个楼角。他从吕蒙设计，讲到关羽败走麦城，最后遇害，用了十几分钟时间。教授讲得绘声绘色，那疯子也听得津津有味。临走的时候，疯子抓住贾教授的手，眼睛中泛动着晶莹的泪花："谢谢你，我求了好多人，只有您才肯给我讲！"我看到教授的手也用力摇动了几下。

回校的路上，我问贾教授："他是一个疯子吧？"教授沉默了一会儿才说："也许是，但他首先是一个人，只要是人，都是值得尊重的。因为在尊重别人的时候，更重要的还是在尊重自己！"

贾教授的话给我的震动很大，的确，尊重不只是一个得到或者给予的问题，其实在给人尊重的时候，同时也得到了别人的尊重；当你践踏别人的尊严的时候，自己的尊严也正在自己的脚下痛苦地呻吟着。

"青白眼"和"半揖"

古时候，有一个姓吴的人，自以为有点才能，在年轻的时候就非常势利，常常看不起普通的老百姓，而对权贵则是百般巴结。等他年纪大了，这毛病非但没改，反而变本加厉了。周围的人背地里都叫他"青白眼"，意思是为人很势利。

有一天，他通过一个很偶然的机会，得以参加一个重要的酒宴，主人是附近很有名望的一位官绅。吴生非常重视这次酒宴。他身着一件上好布料制成的长衫，这是前两年他女婿送给他的。要不是这主人非同一般，他还舍不得穿呢。穿戴整齐之后，他就早早跑到主人家去赴宴了。

当时在座的都是当地一些有身份和地位的人。吴生不过是个穷秀才，而且名声不好听，因此一直坐着冷板凳，没什么人愿意搭理他。吴生觉得不是滋味，就挨个儿去向人拱手作揖。其中有一人是当地新中的举人，姓王。他年纪轻轻，一副志得意满的样子。此时他正在那儿和几个年轻人谈古说今，说得兴高采烈。冷不防吴生凑上前来作揖，他吓了一跳，败了兴致，又不好怎地，就回了一个礼，道："幸会幸会，请问阁下尊姓大名。"

"老生免贵姓吴，是这里的秀才。"吴生装作一副谦卑的样子。

"噢，吴秀才最近读什么书?"王举人没话找话。

"我读了几十年，还是在读'四书''五经'之类的圣人之书。这其间的学问可是一辈子也学不完的哪!"吴生故作感叹，其实他自从打消了中举的念头后，就再也没有碰过书。

"吴秀才说得对，小生读书时也常常有高山仰止之感。比起古人，小生真是自愧不如啊。"王举人谦虚地说。

"王举人真是谦虚啊！谁不知道您是当地有名的才子。"吴生忘不了及时地奉承一句。

王举人听了果然很受用，他一边抱拳一边说："哪里哪里，比起另一位张举人来说，我可是差远了。"

"阁下说的可是张伯起？"边上的人急忙问道。

"一点没错，他才华横溢，文章常常是一挥而就。"王举人道。

"我还听说大人很赏识他，要封他做官呢！"又有一人附和道。

吴生对张伯起的大名早有耳闻，只是苦于没有机会结识。现在见大伙说起他，就忙不迭地问："张先生现在哪儿？你们可曾与他交往过？"

"我们哪有这样的机会啊。"

这时主人过来了，他微微一笑，然后对失望的众人说："大家是否真的想结识张先生？"

"当然啰，能与这样的才子认识，真是有幸哪。"没等大伙回答，吴生就抢着说道。

主人又是微微一笑，他欠了欠身，道："那今晚这个愿望可以实现了。我已经请张先生到敝舍一会，估计他马上就要到了。"

大伙一听，又惊又喜。可是过了许久都没见张先生过来，大伙就又重新聊起天来，把这事给忘了。

只有吴生还没忘记这事，他苦恼地想：他怎么还没来呢？该不是不来了吧？多好的机会啊！他边叹息边不住地往门口张望。

这时进来一位客人，虽然衣着朴素，可是气度不凡。这人莫不就是张伯起？吴生这样想道。可是，他穿着这样的衣服，哪像一个举人哪，肯定是哪个来混饭吃的穷书生。真是讨厌！

正想间，那位客人走上前来和众人一一拱手作揖，大家虽然不认识他是谁，可都一个个谦恭地回礼。只是当轮到向吴生作揖的时候，吴生随随便便地抬了抬手，算作答礼。那样子可真是傲慢。

这位客人也不生气，只是微微一笑，就转向他人了。这时主人看见了他，就赶紧跑了过来，向来人拱手作揖，那样子甚是恭谨。吴生觉得纳闷，这人是谁啊？难道是一位重要人士？

这时主人发话了，他郑重地向大家介绍刚才进来的这位客人。原来这就是大名鼎鼎的张伯起。吴生听了十分后悔自己刚才的无礼。在席间，他趁一个机会，跑到张伯起的面前去巴结。只见他满脸都是诏媚的笑容，说："在下刚才真是有眼不识泰山，老生这厢有礼了。"说着就要作揖。

张伯起连忙笑着阻止道："不敢当，不敢当！小生刚才不是已经领受过阁下的半揖了吗？现在只求补回剩下的半揖，阁下就别再费神作揖了"。

众人一听，哈哈大笑。吴生满面羞惭，酒宴没结束就借机溜走了。从此之后，吴生又多了一个诨名，叫做"半揖"。

感 悟
gǎnwù

以貌取人，以对方的地位和身份取人，是势利的人最常犯的毛病之一。他们在老百姓面前作威作福，在权贵面前则低三下四。不懂得尊重别人，也不懂得尊重自己，自然也就得不到别人的尊重。

哈默的尊严

一个寒冷的冬天，美国加州的一个小镇上来了一群逃难的人。长途奔波的他们一个个满脸风尘，疲惫不堪。善良好客的镇长杰克逊大叔给他们送去食物。这些逃难的人，显然很久没有吃过东西了，他们连一句感谢的话也顾不上说，就狼吞虎咽地吃起来。只有一个人例外，这是一个脸色苍白、骨瘦如柴的年轻人。当镇长杰克逊大叔将食物送到他面前时，他仰起头，问："先生，吃您这么多东西，您有什么活儿需要我做吗？"杰克逊大叔心想，给逃难的人一顿饭吃，每个善良的人都会这么做。于是他回答："不，我没有什么活儿需要您做。"

感悟
ganwu

不随便接受施舍，这是一种尊严；靠自己的劳动换取报酬，这也是一种尊严。一个人只有在穷困中还能够保持自尊、自立的精神，才能赢得别人的尊敬和欣赏，最终必将获得人生的成功。

这个年轻人的目光顿时黯淡下去了，他低下头说："先生，那我不能随便吃您的东西，我不能没有经过劳动，就得到这些食物！"杰克逊大叔想了想，说："我想起来了，我家确实有一些活儿需要你帮忙。不过，等你吃完饭，我再给你派活儿。""不，我现在就做，等做完了您的活儿，我再吃这些东西！"年轻人站起来说。杰克逊大叔十分赞赏地看着这位年轻人，他知道如果不让他干活儿，他是不会吃东西的。思量片刻后，杰克逊大叔说："小伙子，你愿意为我捶捶背吗？"说着就蹲在这个年轻人跟前。年轻人也蹲下来，轻轻地给杰克逊大叔捶背。

捶了几分钟，杰克逊大叔感到十分惬意。他站起来，说："好了，小伙子，您捶得好极了，刚才我的腰还很僵硬，现在舒服极了！"说着将食物递给了这个年轻人。年轻人立刻狼吞虎咽地吃起来。杰克逊大叔微笑着注视着这个年轻人，说："小伙子，我的庄园需要人手，如果你愿意留下来的话，我就太高兴了。"

年轻人留了下来，很快成了杰克逊大叔庄园里的一把好手。过了两年，杰克逊大叔把自己的女儿许配给了他，杰克逊对女儿说："别看他现在什么都没有，可他很快就会有所成就，因为他有尊严！"

20多年后，这个年轻人果然取得了巨大的成功。他就是赫赫有名的美国"石油大王"哈默。

空瓶子

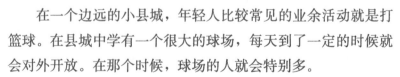

在一个边远的小县城，年轻人比较常见的业余活动就是打篮球。在县城中学有一个很大的球场，每天到了一定的时候就会对外开放。在那个时候，球场的人就会特别多。

打球自然要消耗体力，因此矿泉水在那儿很受欢迎。有几个很有经济头脑的小商贩，每天都拉几大箱矿泉水，放在球场的各个角落里。其中有一个中年妇女，常常带着一个小女孩在球场东边的角落里叫卖。因为她们嘴甜，肯叫人，生意比其他几个要红火。

除了卖矿泉水之外，小女孩还每天在球场上四处搜集人们扔在地上的空瓶子。别小看这些空瓶子，一个还能卖一毛钱呢。这样积少成多，一天能挣好几块钱。对于这个孩子来说，这可是一笔大数目。

球场里并不止小女孩一个在搜集瓶子。有好多个和她年纪相仿的孩子，每天和她一样，拎着袋子，在球场上四处搜索。有的孩子特别机灵，看到有人在喝水，就赶紧跑过去，等在一边，让正在喝水的年轻人不好意思磨蹭，只好胡乱喝了几口，就把剩下的水和瓶子扔给了孩子。

但这小女孩好像从来都不做这样的事情。她只捡别人扔在地上的瓶子。有一次，她经过一位中年人的身边，发现他就剩几口就要喝完了。她犹豫着，终于还是走开了。她不想影响别人休息。

但那位中年人显然已经发现了，他站起来，想把瓶子给她。可是意识到自己瓶子里还有一些水，就停住了。他觉得这样给她太不礼貌了，于是就咕咚咕咚把水喝光了，然后追上小女孩，将一个空空的瓶子递给了她。

小女孩抬起水汪汪的大眼睛，默默地看了他一眼，说了声："谢谢!"

"小姑娘上中学了吧?"中年人问。

听了这话，小姑娘的脸色变了，她低声地说："没有。"然后匆匆离开了。

离开中年人之后，她走过西边的看台，上面正坐着几位刚下场休息的小伙子。他们见了她，一个个嚷道："小姑娘，过来，我给你瓶子!"一边使劲摇晃着瓶子里的水。

聪明的小姑娘一眼看穿他们是存心想捉弄自己，没有理睬就走了。而其他的小孩一听到召唤就一拥而上，争着说："给我！给我！"那群小伙子特别得意，其中一个说："你们打一架，谁赢了就给谁！"

孩子们把伸出的手缩了回去，面面相觑。那小伙子见不奏效，就又出了个主意："这样，我给你们出个谜语，谁猜出就给谁。"

"好啊好啊！"孩子们一听是谜语，都兴奋地嚷嚷起来。

这个谜语好像很难，他们谁也没有猜出。于是小伙子说："猜不出啊，真笨！这瓶子不能给你们了。"说完就把瓶子往附近的垃圾堆里一扔。

孩子们全都扑过去，争着抢那瓶子，全然不顾成堆的垃圾。可是瓶子咕噜咕噜地掉进了附近的一条旱沟。孩子们都够不着。

小伙子们看到这个情景，全都哈哈大笑起来。

这时刚才离去的那位小姑娘跑了回来，她气得满脸通红。她对那位出谜语的小伙子说："你刚才那个根本就不是什么谜语，你骗人！"

"谁说不是？猜不出就猜不出，还赖别人！"小伙子争辩道。

小姑娘道："好，现在我让你猜个谜语。答出我白给你一瓶矿泉水，答不出就到沟里把瓶子给捡回来。"

小伙子有些不愿意。小姑娘就激道："怎么不敢啊？我就知道你是个骗子，啥也不会，光骗小孩。"

小伙子被激怒了。他说："猜就猜，谁怕谁！"

于是小姑娘就出了个谜语。结果小伙子想了半天也没猜出来。

小伙子说："你这才不是什么谜语，根本没答案。"

"怎么没答案？是你自己猜不出来。你现在输了，该把瓶子捡回来了吧！"

感悟
ganwu

有自尊的人，人们必然也尊重他；企图拿他人的尊严开玩笑的人，自己也必然会有丧失尊严的时候。

64

众目睽睽之下，小伙子没法抵赖，只好垂头丧气地跑过去，把沟里的瓶子给捡回来了。

刚才那位中年人把这一切都看在了眼里。

他正是这所中学的校长。回去之后，他在会上说了这位小姑娘的情况，结果老师们都赞成学校破例减免小姑娘的学杂费，让她从此能到课堂上学习。

改邪归正的小偷

古时候，有一个家境贫穷的少年，名叫苏达。他为了生存，不得已做了小偷。他天资聪颖，又肯用功，等到他25岁的时候，在这个行业里已经是响当当的人物了。苏达有个习惯，就是从来不偷穷人，不偷有德的人家。虽然这样，周围的人还是以他的职业为耻，不太和他来往。到了30岁，苏达的家境已经很富裕了，也结了婚，有了孩子。于是他就想改邪归正，好让家人在乡邻面前能够抬起头来。

他首先去找自己的邻居，一个卖油的商人，希望能到他店里当伙计，可是邻居说现在市道不好，雇不起更多的伙计，婉言拒绝了他的要求。苏达明知道这是托词，可是想想自己原来是个小偷，也就没脸再说什么了。苏达后来又找了很多人，可是那些人都以各种各样的理由拒绝了。没办法，他就和妻子一起开了家面条铺。可是没支持几天，就因为生意冷清而倒闭了。加上这些天来，旧日那些道上朋友又天天来劝他重操旧业，为此苏达很是苦恼。

正在这时，他听说楚国的将军子发正在招募士兵和有一技之长的人，于是他就鼓起勇气，去拜见子发。他跪在地上，诚心诚意地说："我从前由于家境贫穷，做了小偷，但我现在愿意改邪归正。如果您能收留我，我愿为您上刀山下油锅，在所不辞。"

感悟
ganwu

一个曾经犯过错误的人，特别需要别人的尊重和理解。有时哪怕就是一个眼神，一句问候，都能让他有了做人的尊严，从而走上正途。相反，如果对他加以嘲笑和谩骂，很有可能会使他自暴自弃，再次危害社会。

他说完之后，本以为子发一定会派人把他赶出去，可是没有。只见子发高兴地从座位上站起身来，扶起他，并对他施了一个礼，说："我现在正缺少像你这样的人，加上你这么有诚意，我真的很高兴你能投靠我们。"

苏达受宠若惊，他长这么大，从来没有一个人这样尊重过他。于是他决心洗心革面，好好报答子发。

可是子发手下的官员和兵士却并不是和子发一样尊重苏达。相反，他们极为看不起他，多次劝说子发把他赶出去。在遭到子发拒绝之后，这些人就把苏达分到一个最苦最累的军营去，让他整天干扛石头之类的体力活。苏达长得很瘦，没几天就累得倒在了地上。

也是天不绝他，这时适逢齐国兴兵攻打楚国。楚王派子发率军前去迎战。可是连打了几次都以失败而告终。苏达听到这个消息，很是着急。他拖着病体前去求见子发，但被守在军帐外的兵士拦在了外面。苏达进不去，就着急得大声嚷嚷起来。

这时子发正召集大小将领商议退齐兵的策略，听到外面有人叫嚷，就问什么事。兵士进来回报说："外面有个名叫苏达的人想见你。"

"苏达？"子发猛然记起这正是前不久前来投靠的小偷，他高兴地说，"他来一定是有办法，快快请他进来！"

将领们听说苏达以前是个小偷，都摆出一副不屑的样子，心想，我们这些人想了那么多计策都不行，一个小偷能有什么办法？

苏达进来之后，子发赶紧请他坐下，问他可有什么打败敌人的良策。

苏达说："我没有什么打败敌人的良策。"

众将领都哈哈大笑起来："没什么良策过来做什么？"

"我虽然不能在战场上打败敌人，但有个让敌人退兵的方法。"

"什么方法?"子发着急地问。

"我只能悄悄地对将军说。"

众将领听了非常生气,说:"你以为你是谁,竟然这么不知天高地厚!"

可是子发却没在意,他制止了各位将领,然后把自己的耳朵送到苏达的嘴边,说:"我愿洗耳恭听。"苏达就附着子发的耳朵,如此这般,如此这般。子发听了大喜。众将领都不知何意。

当天夜里,苏达蒙着面,偷偷地溜进了齐军营内。凭着他的功夫,很轻易地就躲过了守卫的士兵。只见他蹑手蹑脚地走进齐国将军的营内,神不知鬼不觉地把他的帷帐偷了出来。

回到楚营之后,他把帷帐交给了子发。子发便派使者将帷帐送还齐营,并对齐国将军说:"我们有一个士兵出去砍柴,得到了将军的帷帐,现特前来送还。"齐国将军和其他将领们听了,个个面面相觑。

第二天夜里,齐国军营加强了守卫。本来这对苏达来说也是小菜一碟,可是他前几天累伤了身体,在快要到达齐国将军军营的时候脚下一滑,惊动了一位士兵。幸好苏达及时地使出了看家本领。只听到"吱,吱"两声老鼠的叫声,那位士兵就走开了。这次苏达取回了齐国将军的枕头。

子发天亮之后又派人送还,齐国将军气得要命,又怕得要命。他气呼呼地对手下说:"今天夜里,全部人都不许睡觉,睁大眼睛给我看清楚了。"

这时有将领劝道:"将军别着急,不要中了楚人的圈套。您想,他故意派兵来骚扰我们,让我们晚上睡不好,这样白天就没法和他们作战了。"

将军想想也是,就只比昨天增加了一倍的守卫。

可是苏达还是潜进了军营,这次他偷来了齐国将军的簪子。

当子发第三次派人将簪子送还时，齐国将军再也受不了了。他说："如果今天再不退兵，楚军只怕要取我的人头了！"将士们虽然觉得退兵不妥，可是又没有更好的办法，只好退兵回去了。

子发重赏了苏达，说要是没有他，不知还要死伤多少士兵。苏达回答说："将军这是哪儿的话。如果没有将军，小人只怕还是一个被人耻笑的小偷。"

谁影响了食欲

感悟
gǎnwù

用傲慢无礼随意地践踏他人的尊严，实际上，就是把自己的尊严狠狠地摔在了地上。

一家餐厅内，一个西装革履、神情傲慢的先生正在用餐。这时进来一对老夫妇，只见他们满面皱纹，步履蹒跚，还穿着一身过时的衣服。真老土！这位先生想。正巧这对老夫妇坐在了他前面的一张桌子上。他马上叫来了侍者，说："请把这两个人移到另一张桌子上。"

"出什么事了吗？先生。"侍者惊奇地问。

"嗯，他们影响了我的食欲。"这位先生一边说，一边看着那边——他发现那对老夫妇只要了两份最便宜的三明治，于是更生气了，"是的，请尽快把他们移到另一张桌子去。"

侍者很为难，说："先生，这恐怕不行，因为他们也是我们的客人。"

"客人？客人也有高低贵贱之分啊！"说着他就从钱包里取出两张钞票，"这两张钞票，一张让他们走人，一张给你当小费。"

侍者还在犹豫着，这时经理走了过来。问明情况之后，他对这位先生说："好的，先生，我这就去办。"说着就拿着两张

钞票过去了。

只见经理在那儿低声地和老夫妇交谈了几句，老夫妇露出惊喜的神色，然后好像说了声谢谢之类的话。不一会儿，经理折了回来。他对这位傲慢的先生说："先生，他们也给了我同样的钱，说让您走。我真是左右为难。"

"什么？让我走？为什么？"

经理故作欲言又止状。

"快说！"他愤怒了。

"他们说您影响了他们的食欲。"

"开什么玩笑，我是个有身份的人，穿着最好的衣服，还点了最贵的菜。"他气得竟然忘了在这种餐厅是不能高声说话的。

众人都把目光投向了这里。只见经理微笑着说："他们没说你的衣服，他们只是说你的傲慢无礼影响了他们的食欲。"

这位先生脸红了，他付了账，然后匆匆地离去了。

其实那对老夫妇什么也没对经理说，倒是经理对他们说："为了欢迎你们第一次来我们餐厅，今天我们免费请你们喝红酒。"

是的，那两张钞票够喝两瓶红酒了。

一张明信片

黄华大专毕业之后，分配在家乡的市政府工作。工作没两年，她就觉得所学的还是太少了。于是她参加了自学考试，一边工作一边拿本科文凭。

感悟
ɡɑnwu

尊重不需要
太多的表达，有
时，只是一张薄
薄的明信片
而已。

两年过去了，黄华终于完成了所有的考试。如今只剩下最后一关了，那就是毕业论文和答辩。

她所在的主考学校给学生都分配好了指导老师。意思是同学们写论文的过程中要是遇到问题，可以直接向指导老师请教。但是这些教授们整日不是忙着学术就是忙着带自己的研究生和本科生，哪有工夫管这些自考的学生？所以多数自考学生只是和老师通过一两次电话就完了。

黄华的指导老师是位老教授，这是从电话里的声音听出来的。那位教授的声音又苍老又严肃。他让黄华以后用通信的方式和他联系。也就是说，黄华写好论文之后，就寄给教授。教授提出意见之后再寄回。如此反复，直到论文改好为止。

从此黄华就和教授开始了书信往来。教授每次回信都很及时，从不拖拉。可是教授非常严格，常常是把黄华的论文批得一无是处。黄华在气恼之余又不禁升起一丝敬佩：这真是一位学风严谨的老师！

所以黄华也不敢怠慢，她天天有空就去市图书馆，晚上在家不停地写，唯恐写得太差，对教授不敬。

在答辩的时候，黄华终于见到了这位教授。果然是想象中的模样：严肃、刻板，没有笑容，活脱脱一位严师的形象。他毫不客气地提出了论文中的很多问题，这让黄华应接不暇。不过还好，答辩总算通过了。

取得证书之后，黄华如释重负。在新年的时候，她给教授寄了一张明信片，以示感谢。

两年之后，黄华通过了研究生初试。在复试的时候，她又见到了这位教授。教授一如既往地严格，但黄华已经今非昔

比。只见她侃侃而谈，连这位一向严厉的教授脸上也露出了微笑。最后，她收到了录取通知书。

令她意外的是，自己竟然被分在了这位教授的门下。原来，这位教授是系里的元老，今年只招一个硕士研究生。在这么多复试的学生里，他有印象的就是黄华，这位唯一给他寄过明信片的自考学生。

不拘小节的代价

在一家大公司里，有一位热情开朗的小伙子，他乐于助人，又善于讲笑话，深受同事们的欢迎。可是他有个坏毛病，就是有一些不雅的口头禅，时不时就冒出一两个，让同事们很不习惯。曾经有老前辈告诫他，说这是对人不礼貌的表现，必须改正。这小伙子当时答应得好好的，也真的戒过几天，可是江山易改，本性难移，没多久他又旧病复发了。同事们见他这样，除了偶尔说几句不拘小节之外，别的也就不说了。

这样过了两年，他由于工作出色，被提升为经理助理。有一天，他和经理与几位客户吃饭。席间他老毛病又犯了。先是空调开得太小，他当场来了句口头禅，然后跑过去按遥控。接着客户聊起这城市的塞车问题，他对这问题的不满由来已久，很自然地又来了句口头禅。这些客户中有一位是女士，她从小长在国外，接受过严格的修养教育。这名女士的中文虽然说得不太好，可是却正巧能够听懂这几句口头禅。她先是皱了皱眉头，没有吭声，可是后来接二连三地听到，觉得有些污染自己的耳朵了。于是她很礼貌地对经理说："真不好意思，我刚刚想起有件事还没办，只好先告辞了。"

感悟
ganwu

其实，不雅的口头禅并不是什么小节问题，而是一种很不礼貌，很不尊重人的行为。有时候，它还会引起意想不到的麻烦。所以要做一个文明的人，一定要坚决改掉这个坏毛病。

"这么快？要不我们赶紧吃，然后再送你去办事。"经理赶紧站起来挽留。

"谢谢，可是我真的等不及了。"她边说边站起来。

经理见她态度坚决，不可挽留，只好说："这样啊，行，让我的助理送你去吧。"

小伙子赶紧站起来，给这名女士开门。

这名女士不好拒绝，只好说了声谢谢，然后低头快步地出门。这时小伙子突然发现仓促间忘带车钥匙，又不自觉地说了句口头禅，然后奔回座位上取钥匙。可是等他跑出去时，发现那名女士已经走了。

这笔生意自然是没有谈成，对方的理由是：贵公司虽然硬件设施齐全，但贵公司的职员却存在着一些不礼貌的现象，这让我们不能把这样重要的业务交给你们。对此我们深表歉意！

可怜这家公司想了半天，才想出问题的症结。结果只好忍痛把这位受人欢迎，却不拘小节的小伙子给送走了。

第**3**章

海阔天空

　　子贡曾经问孔子："老师，有没有一个字，可以作为终身奉行的准则呢？"孔子说："那大概就是'恕'吧。"所谓的"恕"，用今天的话来讲，就是宽容。

　　宽容是一种气度，一种境界。它能化干戈为玉帛，化误会于无形。有时候，宽容更是一种力量。它能让不慎失足的人回头是岸，让误入歧途的人重新找到方向。

　　但宽容绝不等于懦弱。因为你对别人宽容，也是对自己的宽容。要知道，高山正是因为承受着土石树木，所以才变得雄伟；大海正是容纳了百川，所以方显得辽阔。

大肚能容天下事

感悟
ganwu

宽容总像一股清风，在我们暴躁时它抚去毛糙，在我们怒火难消时它化成一片荫凉。我们可能做不到娄师德的大肚能容，但是，宽容是一种方向，更是一种品德。当我们敞开胸怀，后退一步，微微一笑的时候，才发现，后退之后，面前一片海阔天空。而这，是宽容的一种收获。

唐代有一位名臣叫娄师德，性情温和，为人厚道，为官40年，从不与人结怨。

狄仁杰做宰相，就是娄师德推荐的，可是狄仁杰却不知道。狄仁杰上台后反而排挤娄师德。武则天问狄仁杰："娄师德贤明吗？"狄仁杰说："作为将帅，他能谨慎小心地保卫边疆，而是不是贤明，臣不知道。"武则天又问："娄师德识才吗？"狄仁杰说："我曾和他同过事，没听说他推荐过谁。"武则天说："你就是娄师德向我推荐的。他还推荐过其他人，可是从来不向人说。"狄仁杰听了，感到非常惭愧。狄仁杰说："大德不求报。娄公是一个大德之人。我不了解他，排挤他，可他从来没有说推荐过我。他包容我、宽恕我的时间也太久了，我真无颜面对他。"

娄师德的弟弟被派到代州驻守。临别时，娄师德一再嘱咐，与人相处要学会忍让。他弟弟说："哥，你放心。就是有人朝我脸上吐唾沫，我也不会还口，用手擦掉就算了。"娄师德说："不可以擦。别人把唾沫吐在你的脸上是想出气，你把唾沫擦了，他的气还出不了。让它自己干就是了。"陆游在《闻里中有斗者作此示之》一诗中说："唾面使自干，彼忿自消磨。"

坦荡做人，不但敞开胸怀，还要大肚能容天下事。成功者善让，即遇事不与人无谓地争高论低，而是通过退让的办法，去专注地做自己的事情。很多人之所以不能成大事，其中要害之一就是好争而不好让。君子坦荡，这是千百年来留传下来的一种品德。做人要胸襟宽广，要有宽容平和之心，这不仅是一种魅力，更是事业有成之必备习惯。

主动让"道"是一种宽容，即在人际交往中有较强的相容

度。相容就是宽厚，容忍，心胸宽广，忍耐性强。有人说过这样一句话："谁若想在困厄时得到援助，就应在平时待人以宽。"就是说，一个以敌视的眼光看人，对周围的人戒备森严，心胸狭窄，处处提防的人，不可能有真正的伙伴和朋友，只会陷入孤独和无助中；而一个宽宏大量，与人为善，宽容待人，能主动为他人着想，肯关心和帮助别人的人，则讨人喜欢，被人接纳，受人尊重，具有魅力，因而能更多地体验成功的喜悦。

古人云："地之秽者多生物，水之清者常无鱼。故君子当存含垢纳污之量。"人不能太清高了，因为世界本来就很复杂，什么样的人物都有，什么样的思想都有，如果你事事与人计较，只会自己堵住自己的路。一个人必须具有容纳污秽与耻辱的能力，再加上包容一切善恶贤愚的态度，才能有融洽的人际关系。因此，古往今来成大事的人，无不具有宽容的品质。如果我们能爱心永存，真诚待人，宽以待人，就能尽可能地获得他人的好感、依赖和尊敬，就能较好地与周围的人和睦相处，就能在人生旅途中顺利地前行。

在人生旅途中，能够主动让道、宽容一些的话，将会省去很多的麻烦，也能减少我们的烦恼。宽容忍让的习惯与作风，不仅给你增加了魅力，也会给你带来意想不到的收获。

优秀生

某班有两名优秀生，每次考试，不是他第一，就是她第一。大家都说年终的学习标兵非他俩莫属。

他俩虽然成绩都很好，但是性格和为人却不一样。她性格外向，乐于助人，同学们学习上有不懂的问题，只要问了她，她总会尽力解决。有时她会花一个小时的时间帮同学讲解问题。求助的同学很过意不去，她却说："我很喜欢做题，因为

|感悟|
ganwu

一个学生优秀，绝非只是学习的优秀。一个人成功，绝非只靠聪明才智。只有心胸宽广，乐于与他人分享的人，才算得上是一个优秀的、成功的人。

|感悟|
ganwu

面对别人所犯下的过错，有时宽容比惩罚更有力量，用善良的品德感化世间的丑恶，这不仅是一种做人的艺术，更是一种改造世界的力量。

我自己也得到了提高啊。"而另一位呢？平日沉默寡言，而且有点傲气，不太理人。因此同学们有问题都不找他。

期末考试来临之前，他意外地病了，整整一个星期都没来上课。同学们私下里都为她感到高兴，都说这下少了个竞争对手，这次考试第一名一定是稳拿的了。可是她却没有因此沾沾自喜，而是将她所做的笔记复印给那位生病的同学。结果这次考试，他得了第一名，而她只是第二。

但到了投票评选学习标兵的时候，她虽然不是第一名，但得的票数却最多，而第一名的他，只得到了寥寥的几张。又过了两年，她的成绩超过了他。工作之后，她的事业远比他成功。

王烈感化偷牛人

古代有个叫王烈的人，因为品德高尚，所以在乡里备受尊崇。《资治通鉴》里就记载了王烈和一个偷牛人的故事。

在古代农耕社会，牛对一个普通农户来说是非常重要的生产工具，所以偷牛在当时是一项比较严重的罪行。

有一次，在王烈的家乡，有个人一时财迷心窍，偷了人家的一头牛，可惜运气不好，被主人抓住了。这个人在被抓之后，没有乞求不要报官，反而对牛主人说："我今天落到你手里了，判刑杀头我都心甘情愿，只求千万不要让王烈知道这件事！"从这件事可以看出王烈在当地是多么德高望重、受人敬畏了。

但是事情并没有就这样结束。不久，王烈还是知道了这件事，就派人去看望偷牛人，同时还送给他半匹布。有人觉得很奇怪，问王烈为什么不但没有惩处小偷，反而还要赠送布匹给他，王烈说："偷牛人害怕我知道他所犯的过错，说明他还有羞耻之心。既然心怀羞耻，必然能够改正错误。我这样做正是

为了促使他改过自新，弃恶从善。"后来有个老人在路上丢了一把剑，一个过路人见到后就守候在剑旁，直到傍晚，老人回来寻剑，找回了遗失的剑，询问他的姓名，并将这件事告诉了王烈。王烈派人查访守剑人是谁，原来就是那个偷牛的人。

乡里百姓，凡有争讼曲直的事件，都去请求王烈排难解纷，断定是非。有的人在去王烈家的路上，忽然愿意放弃争执，双方和解而归；有的人望见王烈的屋舍，就感到惭愧，彼此相让而回。可见王烈的德行感化之深，已远胜过刑罚的力量。

捡苹果的少年

一个工作日的早晨，街上车水马龙，一派繁忙的景象。

突然，一辆直行的自行车与另一辆斜穿过来的自行车相撞了。其中一个车篮里盛着一个装苹果的袋子，这一相撞，苹果一下子散落在了地上，滚得到处都是。苹果的主人坚持说是对方不对，应该帮他捡起苹果。另一个人呢？也觉得是对方不对，还说明明是你先撞我的，凭什么让我给你捡苹果？两人为此争得不可开交。两边的自行车和行人全都挤在了一处，使这个原本狭窄的非机动车道变得更加的拥挤。

越来越多的人从后面拥了过来。他们有的在津津有味地看热闹，有的在埋怨路什么时候才能通。但偏偏就没有一个人去劝架。过了一会儿，人群中冒出一个穿着校服的少年。大家顿时停止了喧哗，连那两个吵架的人也不由得停了下来。只见这名少年一声不吭地走过去，出乎意料地弯下腰，开始从地上捡起苹果来。这一下大家都愣了，他到底在做什么呀？

苹果的主人这时反应过来了，他指着少年骂道："这苹果是我的！"

这位少年平静地答道："我知道是你的。我只是想帮你把

感悟
gǎnwù

人与人之间难免磕磕碰碰，如果凡事斤斤计较，你就会在原地浪费宝贵的时间。相反，如果你凡事谦让一步，那么人生的路一定会越走越宽。

苹果捡起来。"说着就把苹果全部倒在了苹果主人的车篮里。

有一会儿，周围很安静。接着，人群中走出一个人，他也弯下了腰，开始帮着这名少年捡苹果。再后来，苹果主人、那名肇事者，还有周围看热闹的那些人，也都纷纷弯下了腰。不一会儿，滚得满地都是的苹果都放回了车篮里。

路很快又畅通了，这名善良的少年一句话也没多说，就这样骑着车，消失在越来越深的人海之中。

宽容的力量

感悟
gǎnwù

如果这位老板暴跳如雷，不但于事无补，反而会伤害员工的积极性。可见宽容不但是对别人宽容，更是对自己的宽容。

小方是一家公司的出纳，她平日工作勤勤恳恳，把自己的工作做得井井有条。

有一天，小方到银行取了 2 000 元的公款，准备帮公司买点办公用品。可是刚刚走出银行没多久，就被一个从角落里跳出的人抢走了包，自己还被狠狠地撞了一下。小方忍着痛，一路呼救一路狂追，可是那人跑得飞快，转眼就从一个街角拐了进去，再也见不到人影了。

小方沮丧地哭了起来，她想这下可完了，老板一定会炒她鱿鱼的。可是当她又愧疚又担心地站在老板面前，讲完所发生的事情之后，老板一句责备的话都没有，反而笑着说："你一定被吓坏了吧？下次取钱的时候记得让司机开车送你去。要是你出了什么事我可赔不起。"小方听了忍不住扑哧一笑。

老板又说："你的包也没了吧？这样吧，公司赔你一个。"

小方连忙推辞："我把公司的钱丢了，怎么还可以要公司出钱买包呢？"

"我送你包有两个原因。一是你今天是因公事把包给丢了，公司得负责；二是你平日工作很努力，就当做额外的奖励吧。"

小方听后十分感激，从此之后她工作更加努力了。一年之后，公司遭遇了一次严重的危机，许多员工都跳槽了，就连好心的老板也劝她离开。可是她却宁愿不要工资，也要坚守自己的岗位。等到危机过后，小方升职当了财务部经理。

宰相肚里好撑船

大家都知道"宰相肚里好撑船"这句俗语的意思，但很少人知道它的来历。原来在三国时期的蜀国，有一个气量宽宏的大臣，他就是蒋琬。

蒋琬，字公琰，湖南湘乡人。他在年少的时候就因为才能而闻名一方。刘备入蜀，任命他为县令。蒋琬十分委屈，觉得施展不了自己的才能，便终日酗酒，不理政事。有一次刘备出巡，正好发现蒋琬烂醉如泥，无法出来迎接。刘备不由得大怒，下令要处死蒋琬。幸好诸葛亮及时劝阻，他对刘备说："蒋琬是做大事的，让他做一个小小县令实在是太屈才了。请求主公饶恕他，日后他定当奋力报国。"

刘备听了，就赦免了蒋琬。从此之后蒋琬工作勤勤恳恳，再也不借酒浇愁了。不久，刘备将他调至京师，升为尚书郎。等到刘备去世，诸葛亮就直接把蒋琬提上来当自己的副手。诸葛亮对蒋琬十分信任，并在自己率军出征时，将后方大事托付给蒋琬。

蒋琬一心想报答诸葛亮的恩德，加上自己确有非凡的治事才能，把后方政事处理得井井有条，果然不负诸葛亮的期望。诸葛亮非常满意，在临死前，推荐蒋琬做了自己的继承人。由此蒋琬开始主持朝政，位居高位。

蒋琬虽然受到诸葛亮的极力推崇，但毕竟资历浅，加上诸葛亮珠玉在前，难免会有人不服。朝中有个督农杨敏，平日高

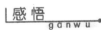

感悟
ganwu

大凡做大事的人，都会有一种旁人所不能及的肚量和宽容。正如诸葛亮之于蒋琬，蒋琬之于杨敏。也许，正是这种肚量和宽容，才助他们成就了大事。

傲自大、目中无人，对蒋琬十分不服气。

有一次，几个官员在一起闲聊，说起了蒋琬。其中一个人说道："蒋大人真是治国有方，大小政事都能处理得井井有条。难怪诸葛丞相那么器重他。"

另一个人附和道："是呀！蒋大人确实是个不可多得的人才，不过也多亏诸葛丞相慧眼识人。若不是诸葛丞相上次极力劝阻先帝，蒋大人恐怕早就不在人世了。"

"诸葛丞相和蒋大人真是国家的栋梁呀！现在诸葛丞相仙逝了，蜀国就靠蒋大人来治理和兴旺了。"

这时一直坐在角落，半天不说话的杨敏突然冒出一句："谁能比得过诸葛丞相英明呢？我看这蒋大人，处理问题的能力也不过如此，哪能与诸葛丞相相提并论呢？"

众人听了，都觉得杨敏目中无人，太过自大了。

有一个与杨敏不和的人，悄悄地把这事告诉了蒋琬，并说："这杨敏也太目中无人了，竟然敢诽谤蒋大人您。对这种人应该给予惩戒，以示大人您的威严。"

没想到蒋琬听了，不但没有生气，反而十分坦然地承认说："论才能，论德行，我都与诸葛丞相相差甚远，杨敏说得一点都没错。"然后又对这个告密的人说："大家在一起聊天，难免会议论别人。以后这些事情，就不要来报告我了。"这人不但没告成密，反而被委婉地批评了一通，觉得十分无趣。不过他并不认为蒋琬对杨敏的话是一点都没在意，只不过是为了在别人面前装大度，摆摆样子而已。

后来，杨敏不知做了什么错事，被捕下狱了。人们认为杨敏曾经得罪过蒋琬，这次是必死无疑了。可是令人意外的是，蒋琬一点都没有记仇。他秉公执法，并没有借机处死杨敏。

后来，这件事渐渐地传了出去，人们都说蒋琬是"宰相肚里好撑船"。

宽厚待人的一代名相吕蒙正

宋代宰相吕蒙正为人正直，器量宽宏，居官廉洁自律，宽厚待人，知人善任，敢于直言，享有重望。

吕蒙正出身贫寒，年纪轻轻就中了状元。他刚担任参知政事时，有一次上朝，文武百官纷纷向他打招呼问候，这时有一个官员在后面指着吕蒙正对别人说："这小子也能参与谋划政事吗？"吕蒙正装作没听见的样子走过去了。与吕蒙正同在朝廷的同僚们看在眼里，都感到很愤怒，纷纷要求责问这个人的姓名和职务。吕蒙正急忙制止，不让同僚们查问。退朝之后，大家仍然感到忿忿不平，后悔当时没有彻底追查。吕蒙正却说："如果知道他的姓名，就一生都忘不掉了，因此还不如不知道的好。不去追问那个人的姓名，难道对我有什么损失吗？"在场的人都佩服他的雅量。吕蒙正从不把别人的过失记在心里，官员们都愿意接近他。

有一次，吕蒙正看到宾客富言的儿子富弼聪明好学，惊叹道："这个孩子将来的功勋事业要远远超过我。"因富言家境贫困，吕蒙正就资助富弼，让他与自己的几个孩子一起读书。后来富弼果然成为历史上著名的贤相。

吕蒙正作为一朝宰相，在下属眼里他是个宽厚的长者，并注重提拔、奖掖后进之人。可对皇帝，他从不拍马逢迎。有一次，宋太宗让吕蒙正选一个有才能可以担负重任的人出使辽国，吕蒙正觉得一个姓陈的官员最称职，就把名字呈上，宋太宗竟不同意。第二天，宋太宗问人选好了吗，吕蒙正又将此人的名字呈上，宋太宗还是不同意。当第三次问及时，他仍将此人的名字呈上，气得宋太宗把呈上的文书掷到地上，愤愤地说："卿为什么如此固执呢？"吕蒙正拾起文书平静地说："臣不是固执，而是陛下不能体察谅解。出使辽国，只有这个人最

在中国传统文化中，严于律己、宽以待人是君子个人修养和与人相处的道德准则之一。君子以坚守正道自律，内在修身、外在达人，尽可能向他人提供方便，尽量给予他人帮助，是出于对别人的尊重和关爱。宽容是一种充满了仁爱的无私境界。

称职，其余的人都不如他。臣不敢为了讨好陛下而误了国家大事。"群臣此时都屏气凝神不敢说话。宋太宗气冲冲地走下朝堂后，又回过头来说："我不如吕蒙正的气量啊！就依你的吧！"这位官员出使辽国，果然出色地完成了使命。

感悟
ganwu

争吵很容易让人失去理智，从而造成永远无法弥补的伤害。因此在争吵的时候，不妨都让一步。这样的话，就可以大事化小，小事化无了。

失去的荫凉

在宋朝的时候，城外住着两户人家。一户姓牛，一户姓马。两家关系一向不错，还共着一堵院墙。平时两家人走得很近，有什么好吃的一起吃，有什么困难一起想办法。两家的孩子从小青梅竹马，早早地订了亲，只等长大后成亲。

牛家院子里种了一棵百年榕树，树冠遮天蔽日的，夏天好不凉快。榕树树枝多，一直伸到了马家，给马家也撑起了一片荫凉。

但有一年，两家突然因为鸡鸭的多少问题闹起了别扭。刚开始时还没怎么样，双方大人顶多是冷淡了一些，少了来往。但是有一天，马家的小男孩偷着到牛家找小女孩玩，被牛家大人发现了，狠狠地训斥了自己的女儿，说："一个女孩子家，一点也不学好。人家叫你去玩你就去啊？"马家听到了，风风火火地跑到牛家，硬把儿子给拖回来，边拖还边骂："不长进的东西，谁让你用热脸贴别人的冷屁股啦？快跟我回去，再别给我们丢人了！"

从此双方的孩子再也不到对方家里玩，更别提结亲的事了。牛家觉得自己家的是女儿，要是毁亲的话是自己吃了亏。一怒之下就把伸过马家的那片榕树枝给砍了。

俗话说：没有一辈子的仇人。更别说是近邻了。没过几年，双方又和好了。牛家女儿也顺顺当当地做了马家的媳妇。只是每当盛夏，马家就酷热难耐，因为这里再也没有当初的那一片荫凉了。牛家看到自己的女儿和外孙在他们家受热，心里

也非常后悔。只是不知要等多少年，这榕树才会把荫凉重新带入马家。

两件漂亮的舞裙

安妮已经13岁了，长得漂亮极了，可惜家里很穷，在参加圣诞舞会的时候甚至没有钱给她买一件漂亮的裙子。

看着同学们一个个穿着新裙子，安妮心里十分难过。有一天，她突然瞥见桌上有一叠薄薄的钞票。不用说，这肯定是刚从外面工作回来的父亲带回来的。这天外面下着雪，父亲又冷又饿，一回来把钱放下就到厨房吃东西去了。

此时的母亲也正在厨房。安妮看着那些钱，想着漂亮的裙子，不由得跑上前去偷偷地取了一张。她把钱放在口袋里，紧张得心怦怦直跳。

没多久，父亲就发现钱少了一张。安妮在自己房间里听见父亲的惊呼声："天哪！这钱怎么会少一张呢？亲爱的，你刚才没拿吧？"

"没有啊？我不一直在这儿忙吗？"传来母亲有些委屈的声音。

父亲不说话了。然后就是一阵四处翻找的声音。

一会儿，安妮听到母亲问："亲爱的，别找了，我想一定是你自己数错了。"

"不可能，我数了好几遍呢！也许是在路上丢了。这可怎么办呢？"父亲忧愁地说。

他们还在那儿寻找，就是没有问一下安妮。在他们的心目中，安妮根本就不可能干出这种事。

第二天一早，安妮就出去了。尽管心里愧疚，但她还是在商店买了一件自己心仪已久的裙子。可是又不敢拿回家，就把它暂寄在一个同学家里，说到舞会的时候就去取。

感悟
ganwu

生活中，很多人说谎往往是因为一时的贪念蒙蔽了双眼，其实本质并不坏。在这个时候，请给他以宽容。因为宽容的力量远比惩罚更能让人震撼。在它的召唤下，误入歧途的人们会回到正途，做过坏事的人会弃恶从善。

　　得到了许久想要的东西，安妮的心情并不像她原来想象的那么美好。自从她昨天偷了钱之后，她就特别害怕见到父亲忧虑的眼神。"可是我有什么办法呢？"她对自己说，"难道让我在舞会上没有新裙子穿吗？难道让我在圣诞节的时候被人嘲笑吗？"安妮这样安慰自己，心情还是没能放松。她一直在街上晃悠，拖延着回家的时间。

　　直到天黑，家家户户都亮起了温暖的灯光，安妮才抱着愧疚的心情回到家里。

　　刚一进家门，母亲就满面笑容地迎上来，说："安妮，你一整天跑到哪儿去了？快来看看，你爸爸给你买了什么？"

　　安妮随着母亲的视线望过去，发现椅子上赫然摆着一条裙子，比自己买的那条不知漂亮多少倍。而父亲正站在一边，微笑地看着她。

　　"爸爸！"安妮哭着扑上去。

　　父亲亲了亲安妮，有些愧疚地说："亲爱的，本来我想买件更漂亮的裙子。只是昨天不小心在路上丢了钱。下次爸爸挣了钱，一定买件更漂亮的。"

　　此时的安妮已是泣不成声。她说："爸爸，对不起。昨天那钱是我拿了。我拿去买了裙子。对不起，对不起！"

　　父亲和母亲听了都一愣，安妮预料他们很快就会冲上来给自己两个耳光。但是没有，只听见父亲和蔼地说："安妮，你能承认错误我们非常高兴，真的！"

　　"真的吗？你们真的能原谅我吗？"安妮抬着泪眼望着父亲。

　　"真的，爸爸非常高兴。那些钱，不仅给你买了两条裙子，还买回了你的诚实。真的，我们非常高兴。"

　　这时一直在旁边聆听的母亲也走了上来，她抱住安妮，说："孩子，我以你为骄傲。"

第二天，安妮穿着父亲买的裙子参加了舞会，她漂亮的裙子和优美的举止给同学们留下了美好的印象。但安妮之所以记得那次舞会，是因为父母的爱和宽容让她找回了自己诚实的本性。

一封和解信

感悟
ganwu

也许，人世间再伟大的友谊也有受伤和被忽略的时候。友谊需要真诚，也需要包容，唯有真诚与包容能治愈受伤的心，唯有真诚与包容能唤回友人远去的脚步。

托尔斯泰年轻时和屠格涅夫是好朋友。遗憾的是，有一天两人在朋友家发生了争执，从此断交，并且一断就是17年。

这漫长的17年，对托尔斯泰来说是忙碌的17年。恋爱、结婚、办学校、办杂志、做调解员、管理庄园、出国游历、写作……一天到晚忙得团团转。这期间，他苦心孤诣地写出了《战争与和平》和《安娜·卡列尼娜》这两部鸿篇巨著，此时他也登上了文学的巅峰。

站在"高山"之巅的托尔斯泰，在步入五十岁时，开始对人生哲理进行新的探索，反躬自省，对自己的过去进行了一次"大盘点"。当忆及屠格涅夫时，他惊奇地发觉，心中对屠格涅夫不仅毫无敌意，还充满怀念，两人在一起喝酒、聊天、骑马、散步和讨论手稿的情景历历在目。屠格涅夫曾对他说过的那些鼓励和赞扬的话犹在耳边，他情不自禁地给屠格涅夫写了一封信：

"……我自然还记得您的好品德，因为在您同我的关系上它们是这样多。

"我记得，我的文学荣誉承请于您，我还记得您对我的作品和我个人是多么的喜爱。也许您对我也有同样的回忆，因为我曾经真诚地爱过您啊！

"如果您能宽恕我，我真诚地向您贡献出我所能表示的那种友谊。在我们这样的年纪，唯一的幸福就是人与人之间友爱相处的关系。因此，如果我们之间能建立起这种关系，我将感

到非常高兴。"

屠格涅夫一收到这封信，立刻从国外赶回来，直奔托尔斯泰的庄园。两人一见面，就紧紧拥抱在一起。屠格涅夫热泪盈眶地说："我是流着泪读完您这封信的，惭愧的是，首先写那封信的应该是我啊！"

一封和解信，把搁浅了 17 年的友谊之舟摆渡到了彼岸。

·误　会·

大学毕业之后，肖燕被分在了一家国企工作。

肖燕是个很懂礼貌的姑娘，每天上班，她总是主动向同事们问好，当然也包括向单位传达室的那位满头银发的老太太问好。这位老太太好像对肖燕印象很不错，每次肖燕到传达室取报纸，老太太总会拉着她的手聊天，有时还问有没有男朋友呀，喜欢什么样的类型呀，以及一些与这方面相关的问题。肖燕开始还怪不好意思的，不过知道老太太是好意，渐渐地也就习惯了。有时还会主动说些这方面的事情，一老一少相处得十分融洽。

可是不知从哪一天开始，老太太突然不太搭理她了。有时肖燕向她点头问好，她不是故意别过脸去，就是冷冷地点点头；去传达室取报纸时也不再和她聊天了。肖燕很是奇怪，不知道自己到底是哪里得罪了她。

不过肖燕不是个小气的人。老人家嘛，也许心情不好，也许自己哪件事让她看不惯。总之，别太在意就行了。肖燕这样想着，一如既往地向老太太点头问好。

一天，老太太给肖燕打电话："下面有人找你。"

肖燕刚想问是谁，老太太就"啪"的一声把电话挂了。

肖燕无奈地摇摇头，然后匆匆地跑下楼去。

肖燕一下楼，就发现传达室外站着一个人，但到底是谁，

| 感悟 |
ganwu

人际交往中的很多摩擦，都是因为一些小小的误会造成的。这个时候，要尽量保持一颗宽容的心，千万不要以牙还牙。因为这样不但于事无补，而且还会激化矛盾，以后就算澄清误会，两人的关系也再不能回复如初了。

又看不清楚。还没等自己走近，那人就大声地喊道："肖燕，你还没看出我是谁啊？"

听到久违的声音，肖燕才认出这是她多年未见的老同学。她高兴极了，冲上去就是一个拥抱。

拥抱完毕，老同学埋怨地说道："你这个臭美的家伙，这么近视还不戴眼镜。刚才我老远就看到了你，可你却对我视而不见。真可恶！"

没等肖燕回答，一边的老太太就插话道："原来你是近视眼啊？怎么我从来都不知道呢？怪不得有一次在街上跟你打招呼，你理都没理。哎哟，你这孩子！差点造成误会。"

借书的老师

东东是个调皮的学生。他上课不是高声喧哗，就是趴在桌上呼呼大睡。班上的老师和同学都烦他。

有一天，他们的语文老师病了，代课的是一位慈眉善目的老太太。看着她颤颤巍巍的样子，东东就想笑。他决心上课的时候戏弄一下老师。

上课不久，老师点名叫同学朗读课文。当点到东东的时候，东东两手一摊，说道："我没带书。"其实，他早把书本坐在了屁股底下。

"这样啊。"老师沉吟了一下，然后说，"既然这样，你就用我的书吧。"

东东本以为老师会大发雷霆，没想到老师竟然会这么友好，一时竟不知怎么办了。

这时班上的同学们也都七嘴八舌地吵起来了。有的说："老师，别给他书，他人就那样。欠揍！"有的说："老师，别信他，其实他把书藏着呢。"有的说："老师，把书借了他，自

感悟
gǎnwù

相比惩罚，宽容最大的优点在于它能最大限度地保护对方的自尊，从而巧妙地达到教育的目的。

87

己用什么呢?"也有的说:"就算给了书,他也不会念。"

老师等大家都安静下来,说道:"不管是出于什么原因,总之东东同学是没有书上课,因此我还是决定把书借给他。至于我自己,还是用我办公桌上的那一本。"然后她把目光转向东东:"东东同学,我知道你跑得比较快,你能帮我到办公室去取一下书吗?"

东东脸红了,他站起来,低声地说:"我当然愿意。"说完飞奔出去,一下子就把书取了回来。当他喘着气把书递给老师时,他听到老师亲切地说了声:"谢谢。"

打那以后,东东再也没有玩过"捉迷藏"的游戏了。

耐心的侍者

江月大学毕业之后就来到了北京,当她找了份不错的工作,渐渐站稳脚跟的时候,她就想接母亲过来玩几天。

母亲从来没出过远门,也没到过大城市,刚来的时候什么都感到新鲜。一天她帮江月收拾房间,在桌上看见一盒已经空了的速溶咖啡,就问这是什么。江月说是一种饮料,和中国的茶一样,能提神。母亲问啥味道,江月笑笑,喝了不就知道了。

晚上江月真的带着母亲去了咖啡馆。母亲看着咖啡黑糊糊的,心里有点怵,问:"这能喝吗?怎么黑不溜秋的?"煮咖啡的侍者听了,忍不住笑了。江月有些恼怒,低声地对母亲说:"怎么不能喝?我天天都喝呢!"母亲可能意识到自己的失礼,就不说话了。

过了一会儿,江月去洗手间。等她回来的时候发现母亲正在和侍者说着什么。上前一问,原来是母亲说这东西太苦了,不能喝,侍者就建议她加几块方糖,可是加了之后母亲还是嫌苦,正在那儿相持不下呢。

江月一边劝慰母亲一边对侍者歉意地笑笑："我妈第一次喝咖啡，恐怕不习惯。"

侍者是个年轻的小姐，她微笑着说："没关系，是我们没服务周到。"然后她又转向母亲，"阿姨，要不我换一杯牛奶过来，您说行吗？"

母亲听说是牛奶，就点头同意了。然后数落江月："哎呀，你每天就喝这东西啊。怪不得看你瘦了。"江月哭笑不得，想对母亲解释，又怕在安静的咖啡馆中喧哗，只是连连点头，表示同意。

走出咖啡馆的时候，母亲还在说刚才的咖啡，还说要不是看那侍者态度好，她就不在这家喝了。江月这才告诉母亲这咖啡本来就是苦苦的，与那侍者一点关系都没有。母亲听了后悔地说："哎，我刚才是不是很过分啊？"当得到一个肯定回答之后，她又感叹说，"唉，那孩子这么年轻就这么大度，真是难得。"

在江月的记忆中，这是一向苛刻的母亲第一次夸别人家的姑娘。此后江月常常带朋友到那儿去喝咖啡，她说那里的咖啡香，人也很好。

感悟
gǎnwù

顾客就是上帝，所以对顾客一定要耐心，要宽容。这句话谁都知道，可是做起来却真的并不容易。

伸出院墙的柿子树

古时候，有一位慈祥的老爷爷。他家并不是很富裕，但是院子前后种满了果树，每年都可以卖一些水果来贴补家用。其中有一棵很大的柿子树。每当成熟的季节，柿子就像大红灯笼一样挂在枝头，引得村里那些小孩口水直流。只是苦于有院墙围着，一直都不能得逞。

老爷爷的邻居家有一个 10 岁的儿子，打从柿子长出来，他就天天看着，直到它由小变大，由青变红。正巧这棵柿子树有一根长长的树枝伸过了院墙。于是他就在墙上搭了一个梯子，时不时地就摘几个柿子。这孩子的父母只当是小孩馋嘴，又想着反正这根树枝的柿子是结在他们的院子，所以只是叮嘱

儿子小心，根本就没有指责他。

老爷爷的孙子很快就发现了这个秘密。他向爷爷告状，说邻居家的儿子偷摘柿子。老爷爷就说，哪儿有啊？孙子就把他引到院里，指着伸出院墙的那根树枝说："瞧，他整天爬上来偷摘，柿子都给他摘完了。"

老爷爷笑了，说这明明是在邻居家的院墙里，怎么能说是偷呢？然后他又对孙子说："你今天摘一些柿子给他送去，免得他又爬梯子。"

孙子大嚷道："我才不去呢，凭什么还要我送他柿子啊？"

老爷爷就教导他说："我们都是邻居，别为了这么点小事伤了和气。再说那孩子爬这么高，多危险啊。"

孙子还是不同意。老爷爷就想找一天自己送过去。

可是第二天他就到女儿女婿家做客去了，一连待了好多天。他哪里知道，自从他走之后，孙子天天有事没事就搬个小凳子坐在院子里观察，竭力想发现对方的罪证。

终于有一天，他看见邻居的小孩把手伸过了院墙。原来，那小孩今天两个，明天三个，那根树枝上的柿子转眼就被他摘得精光。可是他觉得还没吃够，就忍不住把手伸过了院墙。

老爷爷的孙子等的就是这一天，他从屋里拿出一根竹竿，冲那小孩大吼一声："你干什么？"邻居小孩一听，吓得从梯子上掉了下来，把腿给摔折了。他父母心疼得不得了，可是儿子有错在先，又是自己失足掉下去的，他们只好把气吞进肚子里。

老爷爷一点也不知道这事。正好当天晚上他回来了。在快到家门的时候，他遇见了出外买跌打药膏的邻居。他就和往常一样打招呼，问："您这急匆匆的是去哪儿啊？"邻居气得要命，可是又不好怎么发作，只是冷冷地回答："去大夫那儿抓药。"

老爷爷一听，就关心地问："谁病了？"邻居怕自己发火，没有回答就匆匆地走了。老爷爷觉得很奇怪，心想，邻居家肯定是有人病了，心情不好。于是打算回头去看望他们。

感悟 ganwu

在别人侵犯自己的时候，要尽量保持一颗宽容的心，能原谅就原谅。如果针锋相对，可能会造成意想不到的后果。所以有时不妨吃点小亏，毕竟人以和为贵。

老爷爷刚进家门，他的孙子蹦蹦跳跳地跑过来，对他说了事情的经过，还不无得意地模仿着当时的情景："我就大吼一声，拿起竹竿，朝他冲了过去。谁知他这么不顶用，一下就吓得掉了下去。真是活该！"

老爷爷听了气得胡子都抖了起来，他大声地呵斥孙子："人家不过摘你几个柿子，你就不依不饶，还故意吓唬他。要是他有个三长两短，你说该怎么办？"

孙子吓得不敢出声了。

老爷爷担心得睡不着，后来想到邻居今天说去抓药，心想这孩子肯定摔得不轻。于是他带上几块上好的跌打药膏，又提着几袋柿子，敲开了邻居家的门。他说自己的孙子不懂事，要是做错了什么，还请他们多包涵。

邻居一听，反倒有些不好意思了。他们相互说了一些客气的话，没多久就和好如初了。

以后每到柿子成熟的季节，老爷爷就会让孙子送几袋柿子过去。所以再也没有发生过这样的悲剧了。

不宽容的人不能成大事

有一位50多岁的将军，他一生历经无数险恶的战斗，立下了赫赫战功，当然也留下了一生的伤痕。

到了和平年代，他进入政坛，身居高位，难免引起一些小人的嫉妒。有好几次，他被人中伤，不得不辞去职务。等将军重新站起来的时候，他又和往常一样，平静地对待那些昔日的敌人，一点也没有报复的意思。有朋友为他鸣不平，说，像这样的人怎么能够原谅？

将军平静地说："树大招风，我被人诋毁是很正常的现象。如果我连这点事情都不能容忍的话，我说不定早就被他们气死了。"

感悟
ganwu

有人诋毁自己，非但不生气，还将它看成是正常的现象，这样的气量并不是每个人都能有的。但只要做到了，你的人生将会上升到一个全新的境界。

一块致命的玻璃

今天值日的同学只有小明，因为他的同桌请假了。小明想早点回家吃饭，就请班长再安排一个同学帮忙。可是班长却说班上的同学是双数，如果安排了次序就会打乱，还说反正活也不多，让他别着急。

小明只好悻悻地扫起地来。他觉得班长是故意不安排，因为上次小明没借自行车给他。小明越想越生气，就随便扫了几下完事。

第二天，来得最早的同学一眼就发现了门没锁，接着就发现正对门的窗户的玻璃呈蜘蛛状，好像被什么人碰过。后来全班的同学都知道了，他们惊愕之余，把目光都聚集在小明的身上。

小明也没料到会是这种情况。他明明记得昨天把窗关了把门锁了。他红着脸大声地解释："不是我，不是我！"可是此刻的解释是那么的苍白无力，而且有点此地无银三百两的嫌疑。

班长发话了："小明同学，你先别紧张。快说说你昨天值日的经过。"那口吻仿佛是个查案的侦探。

"我……我打扫干净教室之后，就……就直接回家了。"

"你是不是忘了关窗户？"班长的眼睛像鹰一样扫过来。

"关窗……关……好像关了。"小明一急，把话说错了。

"好像关了？"班长狐疑地重复道。

"不，我关了，我真的关了！"小明急于纠正。可是现在他越辩解，别人就越是怀疑。

班长摆手制止他的争辩，用不容置疑的口吻道："就算你窗关了，可是门没锁。"

"门，我锁了的。"

"那这是怎么回事？昨天是你最后走的。你是不是因为我

感悟
ganwu

对他人宽容一点，生活中的许多悲剧也就不会发生。

没安排同学跟你值日，你就故意不认真？是不是？"

听了这话，同学们露出恍然大悟的神情。

"不，不是这样的！"小明只觉得自己的血往上涌，他真想揍班长一顿。

"钱小明同学，人犯了错并不可怕，可怕的是不承认错误。"班长还在那儿拿腔拿调。

小明再也忍不住了，他冲过去，抓住班长的衣领喊道："不是我不是我！"

同学们吓坏了，他们一拥而上，把班长从他的手中解救下来。

就在这混乱中，上课铃响了，同学们听了到班主任的脚步声，一个个都赶紧回到了座位上。

老师首先就发现了那块撞坏的玻璃。他皱着眉，问大家："怎么回事？"

班长站起来说："报告老师，可能是昨晚风大吹的。"

"风吹的？难道昨天没关窗吗？"

班长不说话了。

"昨天谁值日？"老师问道。

"是……是我。"小明怯怯地站起来回答，"可是，我昨天关了窗的。"

听到小明主动为自己辩解，老师很不高兴。他说："钱小明同学，请你把昨天值日的经过说一遍。"

天哪！又是和班长一模一样的口吻和眼神。小明几乎要崩溃了。他也不知道自己到底是怎么叙述的。

老师听了之后，沉默了半晌，说："既然找不到原因，那我们就只好从班费里拿出一部分钱来买玻璃。希望那位打碎玻璃的同学能吸取教训，下次不要这么不小心了。"

钱小明同学松了口气。可是同学们却吵了起来，班长首先站起来说："老师，班费是大家用来组织活动的。这块玻璃应

该让肇事者赔偿。"

"就是就是!"大家附和道。

"可是并不知道谁才是肇事者啊?"

"我觉得钱小明有很大的嫌疑。刚才他还因为我问了他几句就打我。同学们都可以作证。"

"有这种事?钱小明同学,这是不是真的?"老师动气了。

"……"钱小明百口莫辩。

"钱小明同学,我说过多少次,人犯了错并不可怕,可怕的是不承认错误。由于你的疏忽,使得班上的公共财物受到了损失,你只要照价赔偿就行了,可你为什么要打人呢?这太不像话了!"

"我真的关窗了!我真的关窗了!相信我!"小明一遍又一遍地重复道。他感觉到大家的眼神像利剑一样穿过自己,让他无法呼吸。在这思维的混乱中,他仿佛听到有人在说:"明明是他做的,却不承认,真是太不诚实了!"还有人在说:"不承认也就算了,他还打人,简直就是可恶至极!""真没想到他是这种人!"

"不是我!"小明歇斯底里地怒吼起来。他从座位上站起来,飞快地跑了出去。

过了几分钟,学校派人来通知这个班的老师,说昨天有个修理电扇的工人在无意中打碎了他们的一块玻璃,今天中午准备安装。就在老师和同学的惊愕中,看守校门的师傅跑过来,说他们班上的钱小明被车撞了。

保持一颗宽容的心

汤姆在工作时无缘无故地受了上司的气，他恨恨不已地回到家，气得连晚餐也不吃，还大声地告诉父亲，说总有一天要杀了他上司！

头发花白的老父亲听了事情的经过，说："他确实是很过分，你当时一定气坏了吧？"

"可不是吗？他自以为自己是上司，就随便地对下属发火。"

"那你发现他今天有些不对头了吗？"

"不对头？他能有什么不对头？我看他和平常一样。"

"那你是不够关心他了。也许，他今天是遇到了什么不高兴的事，结果冒犯了你。儿子，原谅他吧！"

"才不是呢！我听说他昨天打赢了球，心情肯定好得很呢！"

"那他一定是被胜利冲昏了头脑，忘了自己姓甚名谁了。这种事一定不会经常发生。"

"也不是，他平时就这样，脾气暴躁，喜欢欺负人！"

"噢，原来如此！那就是他的性格天生这样啰！儿子，是上帝让他有一副坏脾气的，你就更不能杀他了。"

"爸爸！"汤姆终于忍不住叫了起来，"你为什么每次都为他说好话呢？"

"因为只有这样才能减轻你对他的仇恨，让你时刻都保持一颗宽容的心呀！"

"是他先冒犯我的，难道他不应该受到惩罚吗？"

"可是我现在只看到你在受惩罚，因为你的不宽容，你气得浑身发抖，而且已经快让自己失去理智了！"

"我没有！我现在清醒得很哪！"

感悟
ganwu

在生活中，我们难免会受到不公正的待遇，这个时候千万不要生气愤怒。因为一生气，就有可能会失去理智，这其实是在用别人的过错惩罚自己。

"还说没有，你刚才不是说要杀了他吗?"

汤姆哑口无言了。他不得不承认，自己从受气回来就很不舒服。如果早点原谅他，自己现在不就舒舒服服地坐在椅子上享受晚餐了吗?

吃亏是福

有一个年轻人在大学毕业之后，进入了人才济济的市建设局。最开始的时候，领导把他安排在建筑设计室，这与他的专业恰好对口。他原以为可以大显身手，可是设计室的主任总是安排他去做一些诸如晒图、描图之类简单的小事，从来不让他进行正式的建筑设计。更可气的是，设计室的论资排辈之风十分严重，这些老同事们一个个随意地支使年轻人，经常把自己不愿做的事情推给他。有时连客户端茶倒水这等小事也使唤他。

如果以一个普通大学生的个性，这位年轻人恐怕早就走人了。可是这位年轻人非常虚心和勤快。他从来不抱怨，而是扎扎实实地把事情做好。没多久，他就掌握了在实际工作中的建筑设计流程。

有一次，设计室接到一个案子。这是一条乡镇街道的民房设计。那些同事们整天只设计高楼大厦，一点也不把这个案子放在眼里。结果你推我我推你，谁都不愿做。最后这件事自然是落到了年轻人的头上。年轻人很珍惜这次机会。他努力了几个星期，终于完成了设计。不久，全国就组织了轰轰烈烈的小城镇建设重点示范工程的评选活动。年轻人的这项设计获了奖。

从此他一炮走红，同事们再也不敢随意支使他了。不过年轻人一点也不骄傲。他还是那么随和，那么宽容，那么好说话。后来，主任退休了，就推荐他接任了自己的位置。主任对他的评价是：宽容、谦虚、勤奋。

感悟
ganwu

有些人傲气十足，不能容忍别人的指使。这样不但把彼此关系闹僵，自己还学不到东西，结果得不偿失。所以不妨吃一点小亏。要知道，吃小亏才能捡大便宜。

秦穆公因宽容得福

秦穆公是春秋时期的霸主之一。他曾作《秦誓》，里面说道：

"假定有一个人能够具有明智的决断，虽然并无其他专长的技能，但他的心胸宽大，好像一个大容器，能够包容各类的人物。别人的长处，就好像是他自己的一样；别人有美德贤才，他就喜爱得很，不只是在表面上说说别人的好处。事实上，他真能容纳别人的长处，犹如自己一样。这样的人，当然能保护我们的子孙和人民，这对于国家有多大的利益啊。"

这段话体现了秦穆公对宽容的赞赏，而且，秦穆公并不只是说说而已。他雄才大略，器宇非凡，对臣对民都以宽大为怀。有一年，秦穆公丢了一匹平常最喜爱的名马。它跑到了岐山下面，恰巧被山下农村的游民们看见了。这些游民们很久都没有吃上饱饭，看见这匹强壮的马，自然是非常高兴。他们冲上去，把这匹马团团围住，然后杀了它，放在火上炙烤。香味传到了好几里之外。

此时的秦穆公正急得派人到处找马。他们闻到这边有马肉的香味，赶紧跑过来看个究竟。结果他们到达时，那些游民正在津津有味地吃着马肉。官吏们认出这确实是秦穆公丢失的那匹爱马，不由得大怒。他们一面派人报告秦穆公，一边想调兵来抓人抵罪。

谁知秦穆公听了报告，虽然很为自己的马可惜，但还是说："君子不可以为了畜生而伤害了别人。再说他们根本就不知道这是我的马，还是饶了他们吧。"

官吏听了，正要告退，秦穆公又叫住他们，说："我听说吃良马肉的时候不喝酒，是会生病的。你们不如准备一些酒，然后送去给他们喝。"

感悟
ganwu

宽容不是装出来的，而是真正发自内心的。宽容你身边的人，乃至你的敌人，往往会有意想不到的收获。

官吏大为意外。他们原来以为秦穆公一定会杀了那些吃马肉的人，没想到非但不杀，反而还要给他们送酒，不禁觉得太便宜那些吃马肉的人了。他们很不情愿地准备了一些酒，然后用马车运了过去。

当他们把酒送到的时候，那些人还在原地乐呵呵地享用着马肉，一点也不知道自己刚刚死里逃生。

这些人见有人送酒，都很意外，问："这是谁送来的啊？"

官吏对这些人说："这是国君赐给你们的酒。"

"国君？不会吧？开什么玩笑？"他们哈哈大笑，表现出一副不相信的样子。

"不想喝是吧？不想喝拉倒！"官吏一面说一面故意让兵士把酒拉走。

游民们赶紧拉住他，问："国君为什么要赐我们酒啊？"

"国君听说吃良马肉的时候不喝酒，是会生病的，所以让我们送酒过来。"

"良马肉？对，这确实是一匹好马。可是，国君又怎么会知道我们正在吃良马肉呢？"这些人更加疑惑了。

"国君怎么会不知道？"官吏和送酒的兵士们都哈哈大笑起来。他们指着这些人说："你们这群胆大妄为的人，到现在竟然还不知道，你们所吃的正是国君丢失的那匹爱马！"

那些游民一听，都吓得面如土色，以为秦穆公送来的是毒酒。他们跪在地上，说："我们并不知道这是国君的爱马，如果知道，我们就是有天大的胆子也不敢吃啊！请您向国君为我们求情。"

官吏说："你们起来吧！国君宽宏大量，已经赦免了你们。这些酒，是白送给你们喝的。你们好自为之吧！"

官吏说完就扬长而去，留下他们跪在原地发愣。

过了几年，秦国因天灾而闹饥荒，于是就向晋国借粮。本来秦穆公以为晋国一定会借的，因为两国有通婚之好，而且前

几年晋国闹饥荒，秦国曾经借过粮给他们。可是晋国的新君晋惠公夷吾不但不借粮，反而听信谗言，出兵攻秦。无奈之下，秦穆公只好组织反击，和晋惠公夷吾在韩地会战。混战之中，秦穆公被晋军团团围住，自己还受了伤。正在这千钧一发的时刻，忽然闯来一支几百人组成的军队，他们一个个拿着刀枪，奋不顾身，勇不可挡。晋军被这些不要命的勇士吓坏了。他们顾不上抓秦穆公，也顾不上保护自己的国君，纷纷弃甲而逃。就这样，这些人不但救出了危难之中的秦穆公，还俘虏了晋惠公夷吾。

秦穆公回去之后，非常感谢那些拼死相救的勇士。他准备了丰厚的钱物赐给他们，可是这些人谢绝了。秦穆公非常奇怪，问他们是不是有什么不满意的地方。他们听了，纷纷跪在地上，对秦穆公说："我们其实就是几年前在岐山脚下偷吃国君马肉的人。那时我们犯下了这么大的罪过，您不但不杀我们，还担心我们生病，给我们送酒，这样的大恩大德我们没齿难忘。现在我们听说您正和晋国交战，而且战况不利，就组成敢死队，希望能助国君一臂之力。"

边上的大臣们听了，十分感慨，都说秦穆公是量大福大。在不久之后，秦穆公放了那个背信弃义、差点把他杀死的晋惠公夷吾。

曹操义释关羽

三国时期，关羽不幸中了曹操的计，被逼得走投无路。本来关羽勇猛善战，一个人绝对可以杀出重围，可是身边还带着结拜哥哥刘备的两位夫人，结果战也不是，降也不是。

正在一筹莫展之际，好友张辽骑着马跑了过来。原来，曹操很敬重关羽，一心想收买他为自己所用，就派手下的张辽前去劝降。

张辽见了关羽，陈说利害，关羽迫不得已，只好答应了投降，但是他有三个条件："第一，只降汉帝，不降曹操；第二，两位嫂子要按皇叔的俸禄侍奉，其他闲杂人员，一律不能进出府内；第三，只要我知道我哥哥刘备的去向，不管千里万里，我定会与哥哥相会。三个条件一个也不能缺少。"

张辽回去告知曹操。曹操答应了前两件，可是最后一件却不答应。他说："我留下关羽，就是为了让他为我所用。到时他又弃我投奔刘备，我留他又有何用？"

张辽劝道："刘备对关羽不过恩厚而已，丞相不如加倍地施恩于关羽，何愁关羽不服？"

曹操听了觉得有理，就同意了。回去之后，曹操赐给关羽一座大宅子，还送了许多美女和金帛，企图以此软化关羽，可是他哪里知道此时的关羽是身在曹营心在汉哪！

有一天，曹操看到关羽的坐骑不是很壮，就把昔日吕布的坐骑赤兔马送给了关羽。关羽当场再拜称谢，曹操很不高兴地说："我送了那么多美女金帛，你都没有拜谢；现在送了你一匹马，你就高兴得再三拜谢，这不是贱人而贵畜吗？"

关羽回答说："我知道此马日行千里。如果有一天知道兄长的下落，我就可以快马加鞭，早日与之相会。"

曹操听了非常气愤，他回去之后对张辽说："我平日待关羽不薄，为何他常怀去心？"

张辽就去找关羽，说："刘备对你未必比得上丞相对你好，你为何常怀去心呢？"

关羽说："我也知道丞相对我好，可是我早受刘备兄长的厚恩，曾经发誓要同生共死，我又怎么可以背弃？如果知道兄长的下落，我必然要随他而去。但在走之前，我一定会立功报效曹公的恩德。"

张辽又说："如果刘备已经不在人世，你将怎么办呢？"

关羽答道："愿从于地下。"

张辽见他态度坚决，就回去告诉了曹操。曹操虽然很失望，但却对关羽的忠诚非常敬佩。

过了不久，关羽帮曹操连杀袁绍两员大将，威名大振，被封为汉寿亭侯。关羽自觉已报曹操的恩德，经常萌生去意。又过了一段时间，关羽终于打听到了刘备正在袁绍军中，就急忙把以前曹操赏赐的金银封置库中，把汉寿亭侯的印挂在堂上，然后带着两位嫂子离开了。

关羽走后没多久，就有人报告了曹操。曹操叹息道："他到底还是去了！"这时手下一员将领挺身而出，自告奋勇要去把关羽给抓回来。曹操却斥责道："关羽不忘故主，来去明白，是个顶天立地的大丈夫，你们都应该好好地向他学习。"

曹操手下有一个谋士叫程昱，是个不简单的人物，他对曹操说："关羽是人中之杰，如果他投奔袁绍，无异于与虎添翼，不如将之除去，以绝后患。"

如果以曹操以前的脾气，一定会赞同程昱的说法，可是那天却一反常态，只是长叹一声，说道："我以前曾答应过他三个条件，现在怎可失信？人各有志，再说关羽原是刘备的人，他忠于刘备，离开我也是可以理解的。我们还是不要追了。"

然后他又对张辽说："封金挂印，富贵爵禄都不能改变关羽的心意，我真的很佩服。如今他还没走远，不如送点路费给他作个人情。"

话说关羽正在路上，突然看到远远有人追来，就让两位嫂子先走，自己勒住赤兔马，按定青龙刀，站在那里张望。

不一会儿，只见曹操带着数十个人，飞奔过来。

曹操说："将军走得也太匆忙了吧？"

关羽在马上欠身答道："我曾经说过，只要知道兄长消息，必定离去。望丞相不要忘记昔日之言。"

曹操笑道："我要取信于天下，怎么会出尔反尔呢？只是担心你在路上缺少盘缠，故来相送。"说完马上有人奉上一盘黄金。送完黄金之后，曹操又说："你是天下的义士，只恨我福薄，不能相留。现在有锦袍一件，希望能表达我的一番心意。"

关羽担心有变，就用青龙刀尖把锦袍挑过来，然后披于身

感悟 ganwu

曹操一向被视为乱世之奸雄，但是应该承认，曹操有时也是一个宽容的人，尤其是对他佩服和欣赏的人。也不能说他的宽容全都是收买人心的一种策略，其实对于关羽，他的真心远远超过了策略。

上，说道："多谢丞相赐袍，后会有期！"说完就纵马往北而去。

曹操的手下都说道："关羽太过无礼了，为什么不把他抓了呢？"

曹操倒是很理解，他说："他一人一骑，我们却有数十人，他怎么会没有防备之心呢？我一言既出，驷马难追，还是放了他吧！"

就这样，曹操放了关羽。后来作为回报，关羽在华容道上，也放走了走投无路的曹操。

领导的顺风车

自从江枫到了这家单位上班之后，他就没有睡过一天懒觉。因为单位离家很远，接送上班的班车每天早上 6 点 40 分准时出发，这让在大学过惯了懒散生活的江枫实在不适应。

一天晚上，江枫被几个哥们拉去喝酒，夜里两点才昏昏沉沉地回到了家。第二天，自然是睡过了头。等到江枫被惊讶的家人叫醒时，已经是 6 点 33 分了。他连头发都没来得及梳，从桌子上抓起包就往外跑。等他飞快地跑到车站时，发现车子已经开到了百米之外，任他怎么喊怎么追也无济于事了。

江枫蹲在地上，喘着气，心里有说不出的懊悔。过了两分钟，他恢复了平静，盘算着怎样上班才不会迟到。如果坐公共汽车的话，至少要倒两趟车，还特挤特慢，准赶不上时间。打的过去，坐最便宜的也要 60 块钱，太不值了，江枫可舍不得！正犹豫不决间，一辆熟悉的轿车停在了他的身旁。原来这车的主人不是别人，正是单位那个号称"冷面包公"的李处长。他对下属一向很严格，不用说是迟到，就是文件上写错一个字，他都会好好地训你一通。不过李处长的司机和江枫交情不错，

只见他探出头来，示意江枫上车。江枫心里一喜，以为李处长没在车上。但是当他一上去，就发现李处长正四平八稳地端坐在后座上，表情严肃。

江枫吓了一跳，他赶紧说了声："李处长早！"

李处长微微点了点头，然后问："今天怎么没赶上车呀？"

"噢，我……我昨天睡晚了。"江枫当然不敢提喝酒的事。

但英明的李处长好像一眼就看穿了他，只听到他语重心长地说："年轻人喜欢玩是可以理解的，不过也要有个度。迟到事小，上班时要是出了差错，麻烦可就大了！"

江枫只好点头称是，心里却想：你也管得太宽了，连我晚上干什么都要管。不过也还好，至少不会迟到扣钱了。

很快车就到了单位，离上班时间还差40分钟呢。李处长不等司机开门，就快步走了下去，他好像一向都是这样雷厉风行的。江枫下车之后见时间还早，就凑到窗口上，笑着对司机说："哥们，你今天可真够义气，李处长在你都敢带我。"

司机笑了笑，说："我哪儿有这么大的胆子呀！是李处长让我带上你的。"

"什么？"江枫几乎不相信自己的耳朵，"怎么可能？他对迟到的人可一向是毫不留情。上次我们的副处长迟到都被他批了一顿。"

"哎，还不是看你是个新来不久的年轻人呗！别看他严厉，对年轻人可关心了！你这小子，运气还挺好，不过千万别被他再逮着。"

"再逮着会怎么样？"江枫问。

"他会认为你这人没有时间观念，也许会把你调到下属的公司去，让你去当清洁工也说不定。"

"不会吧？"江枫吐了吐舌头，其实他的心里是相信的。不过，有李处长这一次的宽容，他也不好意思再次犯错了。

感悟
gǎnwù

对初来乍到的年轻人，再严厉的长者都会以一种宽容的态度关心你，引导你，所以，年轻的朋友们，可千万不要辜负了这样的好意。

第4章

友情四季

友爱是人与人交往的催化剂
播种友爱，必然收获更多的友爱
如若不信
请试着向每一个遇见的人微笑
试着赞美自己身边的每一个人
试着给你的朋友每人一件小小的礼物
用不了多久
你就会发现
你收获的远比一个微笑、一句赞美、一件礼物更多

更多……
所以，请不要吝惜你的友爱
伸出双手
与朋友一起徜徉在友情的四季
春日温馨，夏日炽热
秋日缠绵，冬日悠远
只要心中有爱
定能微笑着俯瞰世界
携手共度这美好的人生

偶　遇

感 悟
ganwu

无意间的一
次偶遇，唤醒了
一颗沉寂的心。
当我们播撒友情
时，微笑就会四
处开花，甚至可
能使别人燃起生
命的希望，扬起
前进的风帆。

在我还是一个高中新生的时候，有一天我看到班上的一个男孩从学校回家。他的名字叫凯尔，他好像背着所有的书。我心想：怎么会有人在星期五下午把书都带回家呢？真是个笨蛋。我早已把我的周末安排好了（和朋友一起聚餐，然后再去踢场足球），于是我耸耸肩膀继续走路。

我正走着，突然看见一群孩子向凯尔跑去，他们把他手臂上抱的书撞了一地，还把他推倒在地。他的眼镜飞了出去，落在几英尺开外的草地上。

他缓缓从地上坐起，摸索着眼镜，我看到他的眼里充满着悲伤，不由得上前，把眼镜递过去："这些家伙太坏了，真该教训他们！"

他看着我说："谢谢！"脸上浮现出微笑。那是一种表示感激的笑容。我帮他捡起书来："你家住在哪里？"他回答："布鲁克林街4号！""天哪！和我家只隔一条街。可我以前上学怎么没见过你？"

"我一直在一家私立中学读初中。"他叹了口气，遗憾地说。

我们一路上不停地交谈，我发现他是个挺有趣的人。我问："星期六下午，我们要踢一场足球，你愿意来吗？"

"哦？"他扬了扬眉毛，"好的！"他轻轻笑起来。

整个周末我们都在一起，我越了解凯尔，就越发喜欢他，我的朋友们也深有同感。

星期一到了，我又看到凯尔抱着一大包书的身影，我叫住他说："嗨！你每天背这么多书的话，一定会练出一身强壮的肌肉的！"他大笑起来，把他的书扔过一半给我。

在以后的3年里，凯尔和我成了最要好的朋友。

高中快结束了，我们开始考虑上大学的事情。凯尔想去芝加哥，而我则想去西雅图。我知道我们将永远成为朋友，距离不是问题。在毕业典礼上，凯尔作为毕业生代表向学校致词。我看得出凯尔有些紧张，于是我带着些许得意拍他的肩膀说："伙计，你会讲得很棒的！"

他用那种我看过很多次的（那种极真诚的）笑脸看着我说："谢谢！"

凯尔演讲的时刻到了，他清了清嗓子，开始说起来："毕业的时候是你向所有帮助你度过这些不寻常岁月的人表示感谢的时候。你的父母，你的老师，你的兄弟姐妹，你的教练……但主要是你的朋友们。我想给你们讲一个故事。"

他顿了顿，讲起了我们第一天相识的情景："那时我转学过来有一个月了，我认为爸爸妈妈不关心我（当时他们的工作非常忙），我和新同学很陌生，我不大会结识朋友，我觉得自己是一个多余的人。于是，我想好了在那天结束自己的一切。我把书柜里的书、衣柜里的东西，全部装进了书包，实在装不下的就拿在手上，之所以这么做，是为了避免我死之后爸妈来替我收拾，这样会让他们丢脸……"

他的喉咙哽住了。他停下来深深吸了一口气，眼光转向我，轻轻地笑着说："幸运的是，我得救了，我的朋友用无法描述的行为救了我。谢谢！"

人群中传来一阵感叹声，直到那一瞬间，我才体会到这种微笑的深意。

55年"笔友"见证中日跨国友谊

2011年3月11日，日本发生了9.0级大地震。这之后的几天时间里，76岁的广州老伯蔡风（化名）一直在收看电视里播报的最新灾情报道，同时寻找着自己的日本笔友——72

岁的佐藤喜子。

1956年，21岁的蔡风在《中国青年报》上看到一则关于日本青年希望与中国青年互通书信的消息。于是他写了一封信，这封信漂洋过海被送往日本，又几经辗转到了在福岛县读书的铃木喜子的手上。铃木喜子很快给蔡风回了信。

收到信后，蔡风看不懂日文，只好将信寄给《中国青年报》请求翻译。在这封译成中文后的信中，铃木喜子说："今后我很希望作为您的一个通信笔友一直和您通信，请您做我的朋友吧！"

1957年，铃木喜子给蔡风写来了第二封信。此时的铃木喜子即将毕业。同年，蔡风到北京出差的时候，收到了铃木喜子托人带来的49张邮票。这些跨越中国清朝、伪满洲国、军阀混战等历史时期的珍贵邮票，至今仍被蔡风收藏着。

从这封文末署名为"从别国的友人寄给隔海的彼岸友人"的信之后，蔡风和铃木喜子就失去了联系。

1962年，在隔海相望的另一端，23岁的铃木喜子与日本国铁公司的员工佐藤兴源结婚，自此随夫姓，改名佐藤喜子。30多年里，蔡风与喜子在各自的生活轨道上，一步步从风华正茂的青年，变成了头发斑白的老人。

直到1994年，59岁的蔡风在翻检旧物时，看到当年喜子托人带给他的邮票，再度想起异国的这个笔友，就试着按照喜子当年的通信地址，写了一封寄往日本的信。

值得庆幸的是，尽管喜子一家已经搬离原址，但是这封信还是通过喜子的妹妹转到了她手上。

1995年，佐藤喜子给蔡风写了回信，她在信中感慨道："时间过得真快，再提笔已过了30多年，年少的时光像走马灯一样浮现在眼前。"最后，佐藤喜子还与蔡风互勉："以后大家都要注意身体，幸福地生活！"

此后每年，蔡风都会与佐藤喜子互通书信。每年春节前

后，两位老人还会互寄贺卡，祝愿对方全家健康。他们也互相留下了自己家的电话号码，但两人依旧像当初一样，只是保持书信联系。

这次地震，蔡风很担心佐藤喜子一家的安危，于是向媒体求助，想知道另一头的日本老朋友是否安全。76 岁的蔡风还用起了电脑，查看日本的电子地图。他坚信佐藤喜子一家会平安无恙。

2011 年 3 月 18 日晚，振奋人心的消息从日本传来。佐藤喜子一家目前非常安全。得知蔡风在四处求助打听她的消息后，佐藤喜子深受感动，称赞蔡风说："他真是一个心地很善良、很好的人，一直很关心我和家人的生活。请代我转达：我现在安好，谢谢他对我的关心！特别是地震后那么关心我和家人的安危，真是非常感激！"

得知佐藤喜子一家平安，蔡风连声说："太高兴了！太高兴了！也希望佐藤喜子他们从灾难中走出来，重新安排生活。"他说自己也期待着佐藤喜子来信，更期待着双方能见一次面，完成毕生的夙愿。

感悟
ganwu

真正的友谊是跨越国界、超越语言障碍的，它是长达半个多世纪的相互惦记和想念，它是你在遇到困难时千方百计的关切和问候。

朋友更重要

林经理年轻有为，不到 30 岁就担任了一家房地产公司的销售部经理，深得总经理的信任。有一天，他一个久别未见的朋友从家乡来到北京，给他打电话，说今晚好好喝一杯。有朋自远方来，林经理自然是十分高兴。他把手头的事处理完，就想离开公司。

正在这时，秘书递给他一张邀请函，原来是某位重要人物的宴会，时间也在今晚。林经理不觉皱了皱眉头，说："我还是不去了，今晚我和朋友有约。"

"可是，到时会有很多房地产界的重要人物出席，总经理

叮嘱您务必参加。"

"这样啊！我和总经理说吧！"

然后林经理就给总经理打电话。

总经理沉吟了一下，问："你知不知道今晚的宴会是谁邀请的？"

"知道。"

"那你知不知道这对你来说是一个很好的机会。"

"知道。"

"那你还去找你的朋友吗？"

"去！"

"那个朋友对你很重要吗？"

"是的。"

"那你的前途就不重要吗？"

"当然也重要，可是，朋友是一辈子的，而名利只是一时的。所以对我来说，朋友更重要。"

"如果我不准假，你还去吗？"

电话那头沉吟了半晌，传来一个坚定的声音："去！"

"好吧，我准假！"

这之后的某一天，总经理在一次庆功宴上喝醉了，他拍着林经理的肩膀，感慨地说："原来我也有很多朋友，可是后来……唉，我真羡慕你哪！"

回去之后，林经理给自己的朋友一一打了电话，说很想念他们。朋友们都笑，说你今天是不是吃错了药。林经理没说话，他想起了总经理花白的头发和悔恨的神情。

场面朋友

廉颇是赵国名将，数次抵挡秦国的进攻，深得赵王的信任。在他得势之时，门庭若市，百官争相与之结交。廉颇为人

感悟 ganwu

真正的友情是超越功利的，真正的朋友是一辈子的，所以朋友远比名利更重要。

诚直，把这些功利的小人都视为朋友。只要他们有什么事求助，廉颇一定尽力帮忙。后来，赵王中了秦国的离间之计，疏远廉颇，起用赵括为将。那些小人见风使舵，一下子都到赵括的门上去了。为此廉颇非常生气，说："以后再也不想理这些势利小人了！"

赵括是个纸上谈兵的家伙，他率军在长平与秦国决战，结果被秦军坑杀了 40 多万将士。幸好有魏楚救援，否则国将不存。过了几年，燕国攻打赵国，赵王又重新起用廉颇，大败燕军。廉颇以功被封为信平君，一时权势又显赫起来。

这个时候，那些曾经背弃他的小人又跑过来巴结他。廉颇对这些人十分不屑，他说："以前我失势的时候，你们背弃我；现在见我得势，又跑来巴结我。你们还是走吧，这里不欢迎你们。"

没想到这些小人听了一点也不脸红，他们说："唉，将军难道现在才认识到这一点吗？全天下的人都是以功利交朋友。将军得势时，我们便跟从你；将军失势时，我们就离开你。这个道理在哪儿都是一样，将军又何必有怨言呢？"

感悟
ganwu

在现实生活中，这样的势利小人随处可见。在你得意时，千万要分清谁是你真正的朋友，而谁只是这种场面上的朋友。

庄子和惠施

春秋战国时期，著名的哲学家庄子和惠施是很好的朋友，但他们在一起总是为了一些哲学上的问题争得面红耳赤。

有一天，他俩一起散步。经过一座桥时，庄子看见鱼儿在水中悠然自得地游玩，便对身边的惠施说："这是鱼儿的快乐啊！"

惠施马上反问庄子："你不是鱼，怎么会知道鱼儿的快乐呢？"

庄子反应很快，他马上反唇相讥："那么，你不是我，又怎么知道我不了解鱼儿的快乐呢？"

惠施当然也不甘示弱，他说："我不是你，当然不知道你的感觉。你不是鱼，肯定也不会知道鱼的感觉。"

就这样，两个人你一言我一语，争得面红耳赤。可是吵过之后，他们关系依然很好。

不幸的是，有一年惠施病逝了。庄子非常悲痛。有一天他路过惠施的墓地，伤感之情油然而生。身边的人因为以前总是看到庄子和惠施吵架，所以对庄子的悲痛有些不理解。庄子就给他们讲了一个故事：

从前有一个泥水匠和一个木匠是好朋友。他们俩有一项绝活，那就是泥水匠先在自己的鼻尖上涂抹一层薄薄的白灰，然后木匠就用斧子将他鼻尖上的白灰削下来。周围的人都想，这灰那么薄，这一削不把泥水匠的鼻子削下来才怪呢。可是只见木匠果断地抡起斧头，一阵风似的挥过去。众人都吓得出了一身冷汗，可是泥水匠从容地站在那里，面不改色心不跳。只一眨眼工夫，泥水匠鼻尖上的白灰就不见了。众人不禁啧啧称奇。

感悟
gǎnwù

学习和工作中的竞争对手，只要处理得当，往往可以成为催你进步，让你受益匪浅的朋友！

后来这件事传到了宋元君的耳朵里。有一天他派人把这名木匠找来，想让他再表演一遍。可是木匠却摇头说："我以前确实能用斧头削去朋友鼻尖上的白灰。可是那是因为我的朋友和我配合默契，我才可以做到的。现在，我的这位朋友已经不在人世了，所以我再也不能表演这项绝活了。"

庄子讲完故事，十分伤感地看着惠施的坟墓，长叹了一口气，说："自从惠施去世以后，我再也没有找到一位像他那样能与我进行辩论的人了！"

道不同不相为谋

古时候，有一对非常要好的朋友，分别叫做管宁和华歆。他们从小一块长大，不管劳动还是读书，都是黏在一块，形影

不离。

但是两人性格不同。管宁好静，淡泊名利；华歆喜欢热闹，一心想追求功名。在小的时候还不怎么觉得，可是当他们逐渐长大的时候，他们之间的差别就越来越明显了。

有一次，他俩一起在菜地里锄草。两人都很卖力，想快点把活干完。突然，管宁听到"叮当"一声，锄头好像碰到了什么硬物。他觉得奇怪，就轻轻地用锄头把泥土翻开。不一会儿，只见一块黄澄澄的东西闪闪发光，原来是一块金子！可是一向视金银如粪土的管宁，只是嘀咕了一声："我当是什么东西，原来是块金子！"然后一眼也没多看，就继续锄他的草了。

这句话被附近的华歆听到了。他赶紧放下锄头，问管宁："你刚才说什么？一块金子！"然后快速地跑过来，一把拾起那块黄澄澄的金子，爱不释手地端详着。

管宁见到他这个样子，就责备说："钱财应该是靠自己的辛勤劳动去获得。这块金子只是我们偶然见到的，一个有道德的人不应该去贪图这种不劳而获的财物。"

华歆只好附和说："这我知道。"然后恋恋不舍地把金子放下了。可是他的心还惦记着那块金子。他想，这可是块金子啊！我们就是在菜地里干一年的活也挣不到这么多。华歆这样想着，不禁唉声叹气起来，干活也没先前那么卖力了。管宁见状，也不好多说什么，只是心里暗暗摇头。

干完活，他俩回到家里读书。两人正看到入神处，外面突然传来一阵鼓乐之声，十分热闹。

他们听了赶紧跑到窗前，发现两排佩带着武器的士兵正护着一行华丽的车仗，威风凛凛地走过这里。看来车上坐着的一定是位达官贵人。只见看热闹的人们越来越多，他们赞叹着车顶上华美的绸缎，欣赏着车身上雕刻的精美图案，一时人声鼎沸。

管宁见了，很不以为然，马上就回到座位上读书了。可是

感悟
ganwu

真正的朋友，应该建立在共同的志趣和追求上。如果两人不能志同道合，那么只能是"道不同不相为谋"，再也不能继续这段友谊了。

华歆呢？完全被这样豪华富贵的场景吸引住了。起先他还只是站在窗前看，等车仗过去之后，他又赶紧跑到屋外面去，跟着人们追着车仗，连书也不想读了。

管宁看到华歆这样贪图富贵，再也无法忍受了。等华歆看完车仗回来，管宁就对仍然赞叹和羡慕不已的华歆说："我觉得我们两人的志向和情趣太不一样了。从今以后，我们就不再是朋友了。"然后他拿出一把小刀，把刚才他们坐着的席子在中间割开，以示决绝。

后来，华歆做了大官，而管宁始终只是一个隐士。看来他们真是"道不同不相为谋"。

高山流水觅知音

春秋战国时期的俞伯牙是著名的琴师，他弹的琴声美妙绝伦，只可惜很少有人能够真正欣赏。

后来他创作了一曲《高山流水》，身边的人都啧啧赞叹，可是伯牙问他们妙在哪里，他们一个字也说不出。伯牙想，他们只是听到了表面，而没真正领悟到这首曲子的妙处。他哀叹着世间没有知音。

有一天，他又在林中寂寞地弹奏起这首曲子。这时来了一位樵夫。他听到琴声，不自觉地停了下来。这位樵夫其貌不扬，衣着普通，伯牙只当是和以前那些只听表面的听众一样。谁知道那人一直站在那儿，也不说话，就这样静静地聆听着。他的眼睛微闭着，显出一副入迷的神情。伯牙暗暗好笑，心想他可真会装模作样。不知不觉，一曲终了，这位路人睁开眼睛，赞道："这琴声可真妙啊！"

"你能告诉我它妙在哪里吗？"伯牙忍不住问。

"就像巍峨的高山一样！"

伯牙听了非常惊奇，因为他此时弹奏的正是《高山》。也

许他只是恰好猜中了，于是伯牙又接着弹奏《流水》。只听到琴声一会如涓涓流淌的溪水，一会如烟波浩渺的湖面，一会如汹涌澎湃的激流。那位路人又听得入神了，在伯牙奏完之后很久，才啧啧赞叹地说："真妙啊，简直就像烟波浩渺的江河一样!"伯牙这下相信了，他又惊又喜，惊的是竟然有人能够听懂他的琴声，喜的是自己终于有了一位知音。

这位路人叫钟子期，他因此和伯牙成了非常好的朋友。伯牙每次创作完好的曲子，就首先弹奏给子期听。而子期呢，也总是能轻而易举地就参透这些曲子的内涵。伯牙从他那儿受到激励，创作灵感源源不断，琴艺也越来越高。旁人总是能看到一副这样的场景：伯牙坐在地上，两手抚琴，神情专注。子期呢？则坐在一边，闭着眼睛，陶醉在美妙的琴声之中。

后来子期不幸去世，伯牙非常悲痛。他觉得世上再也没人能够听懂他的琴声了。于是他来到子期的墓前，用尽全心的力量弹奏了一曲《高山流水》。一曲终了，他站起身来，举起这张他曾视为生命的琴，重重地摔在地上。这张琴一下子摔成了两半。从此，伯牙终身不再弹琴。

| 感 悟
gǎnwù

知己是朋友的最高境界，相互欣赏，相互理解，你中有我，我中有你。所以人们往往慨叹：人生得一知己，足矣!

爱听好话的小画家

萌萌是个 10 岁的小女孩，她特别喜欢画画，有事没事就在家里乱涂乱画。有一天，她费了好大劲给爸爸画了一幅肖像，爸爸妈妈都说好看。她十分得意，就邀请她所有的朋友来家里欣赏。

朋友们收到邀请之后纷纷来了。他们围着画，除了称赞还是称赞。萌萌很高兴，可是又有些不满足。她很诚恳地问道："朋友们，我的画真的那么好吗？有什么意见你们可要说出来啊。"

朋友们听萌萌这么说，也就不再客气了。

一个朋友首先提出意见，他说："你的这幅画确实很不错，每个人都想听好话。可是如果要求朋友句句都说好话，那朋友就会变得不再是朋友。因为朋友之间都不能坦诚相待，还有什么意思呢？

可是美中不足的是画面略显阴暗了一些，能不能再亮点。这样看起来比较温暖。"

又一个朋友说："萌萌，我同意他的意见。还有，你难道不觉得你爸爸的发型有点怪吗？怎么不画整齐一点，乱糟糟的，像马蜂窝。"

大家听了哈哈大笑。萌萌被这么一笑，觉得爸爸的发型好像真的是没有画好。她说："别担心，我待会儿一定修改。"

朋友们还在提意见。一个说："怎么你爸爸的胡须没画出来？要是画上它，肯定威风！"

"还有你爸爸的嘴巴紧闭着，怪严肃的。要是他笑就好了。"

"哎哟！他的耳朵怎么啦？像对扇风耳！"

朋友们又是一阵笑声。萌萌觉得自己简直要崩溃了。

有人还想提意见，可是看到萌萌越来越阴沉的脸，就都闭了嘴。

"萌萌，对不起啊，我们不该笑你。"一个朋友低声地说。

萌萌哇地大哭起来："我的画真有那么差吗？"

朋友们竭力安慰她，说她的画是世上最好的，好容易才劝住了。可是以后朋友们再也不敢说萌萌的缺点了。

两只小山羊

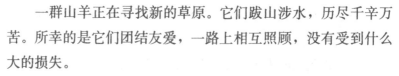

一群山羊正在寻找新的草原。它们跋山涉水，历尽千辛万苦。所幸的是它们团结友爱，一路上相互照顾，没有受到什么大的损失。

其中有两只可爱的小山羊，它们虽然累得没什么力气，可是童心不改。这下它们又玩起了游戏。它们打赌，谁最先到达湖边，谁就算赢。过了一天，它们终于到达了一片新的草原。两只小山羊远远看到了青翠的草地和清澈的湖水。它们欢呼着，不顾一切地冲上前去。羊妈妈在后面叫它们停下来，可是它们谁都想争先，对于妈妈的呼唤声充耳不闻。不一会儿，两只小山羊就远远地把羊群抛在了身后。

两只小山羊几乎是同时到达了湖边。它们顾不上喝水吃草，就为谁是第一开始争执起来。

"明明是我第一！你看，我的脚比你更接近湖水。"一只小山羊得意洋洋地抬起那只就要踏上湖面的脚。

"开什么玩笑？我敢肯定是我先到。你瞧，我的头和身子差不多有一半超过了湖面了。"另一只小山羊也不示弱，它拼命地把头伸到前面，指着自己在湖面上的倒影对同伴说。

同伴一看，果然对方在湖面上的倒影比自己长好多，它急忙辩解说："那是因为你长得比我高大，所以倒影才更长一些。应该以脚为准。"

感 悟
ganwu

你与朋友之间的不和睦，往往会成为狡猾敌人进攻的机会。

"胡说！应该以头为准！"

两只小山羊你一句我一句，互不相让，吵得面红耳赤，最后也不知是谁先动的手，扭打在了一块儿。它们一点也不知道，湖的另一边，一双邪恶的眼睛正在紧紧地盯着它们。

就在两只小山羊筋疲力尽的时候，羊妈妈率着羊群及时赶了过来，阻止了它们的争斗。羊妈妈生气地说："你们俩真是太不团结了！难道你们都没发现，刚才湖对岸有一只野狗正在等着机会进攻你们？"

两只小山羊一听，都朝对面望去，果然看到一只野狗灰溜溜的背影，顿时吓出了一身冷汗。

交友不慎

露丝是个中学生，她心地善良，活泼伶俐，同学们都很喜欢和她交往。在一个新学期的见面会上，她认识了一个新同学，名叫布朗。布朗是个十足的坏蛋，但他一见面就对露丝大献殷勤，表现得像一个绅士。天真的露丝果然被表面现象所蒙骗，把他当做自己的新朋友。

俗话说：当局者迷，旁观者清。周围的人都看出了布朗不是个好人。有人婉转地劝说过露丝，可是露丝根本没放在心上。后来，露丝的朋友们都不敢说了，而且渐渐地，他们也不太敢找露丝玩了。

一个星期六，露丝在家举行 Party。她打电话让朋友们来家玩，可是除了布朗，朋友们一个个都婉拒了。露丝十分苦恼，她问朋友们："难道是我做错了什么吗？还是我家的葡萄酒不够好喝，我家的蛋糕不够甜美？朋友们，你告诉我，我下次一定改正。"

朋友们都说不是，但是他们也不好直接说出原因，只有用别的话搪塞。

露丝觉得很难过。这时布朗乘机说："亲爱的露丝，别难过了。他们不理你是他们不对，你现在不是还有我这个朋友吗?"

露丝听了，转忧为喜。她说："布朗，你今天能来真好。我今天才明白，你才是我真正的朋友。"

从此露丝更信任布朗了。她经常邀请布朗来家玩，直到有一天，露丝的妈妈发现自己的一根项链不见了。露丝一点都没有怀疑布朗。但是渐渐地，布朗也不太常来找她玩了。有时遇到布朗，露丝问他为什么这么久不来找自己，布朗耸耸肩说："亲爱的露丝，我最近实在太忙了，没时间陪你，你还是找别人吧!"

可怜的露丝当然再也找不到别的朋友玩了。更悲惨的是，她现在还是什么都不知道。

感悟
gǎnwù

如果不慎交了一个损友，不但会使你失去原来的真正的朋友，还会使自己的利益遭受损失。因此，交友千万要慎重啊！

近墨者黑

河边的沙滩上，是一望无际的碧绿的瓜田。在成熟的季节，一个个浑圆的西瓜躺在叶子下面，让人远远看了，禁不住口水直流。

附近有一群小男孩，每天放学经过，都会忍不住到瓜田里转一圈。他们一般是摘上一两个最大的，然后悄悄地带到一个僻静的地方慢慢享用。为了抓住他们，瓜农们没少费精力。可是孩子们个子小，趴在地上，谁也发现不了。就算发现了，他们也会像兔子一样四散奔跑，把瓜地踩得乱七八糟，让瓜农们心疼半天。

有一天，他们又在瓜地里摘了几个熟透的西瓜。一个瓜农远远瞧见了，但怕他们踩坏瓜田，就没有吭声。等孩子们抱着西瓜走出瓜田的时候，这个瓜农悄悄地跟过去，想看看他们平时在哪儿分赃。

只见这群小男孩走进沙滩，在一棵大树那里把瓜放下，然后吹了吹口哨，从树林深处突然又跑出一个小男孩。

正在他们把瓜打开，准备大吃一顿的时候，瓜农突然出现了。小男孩们顿时四散跑开，有一个小男孩跑得慢，被瓜农一把揪住。

他哇地大哭起来，说："不关我的事，我从来都没有摘过你的西瓜。"

瓜农仔细地看了看，发现他正是从树林中跑出来的小男孩。瓜农说："我虽然没看见你偷瓜，可是你和他们在一起，肯定不是什么好东西。再说你躲在这里，说不定是在这儿给他们放哨呢？"

任凭这个小男孩怎么辩解怎么哭闹，他还是被瓜农拎到了自己家长的面前，结果被父母结结实实地揍了一顿。

感悟 ganwu

近朱者赤，近墨者黑。你如果长期和一帮坏朋友待在一起，就算不变成坏人，也会被别人视为坏人。

应 聘

感悟
ganwu

其实在最后应聘的五个人中，他们以个人的条件，并不一定就比其他三个优秀，可是他们团结友爱，遇事能相互忍让，这样的素质是现在年轻人所缺乏的，也是一个注重团队精神的集体最为需要的。

江河和钟山是同学，也是好朋友。他们不但是生活中的好朋友，还是学习上的好拍档。每次遇到什么专业上的难题，他们总是配合默契，一下子就把问题给解决了。而且难得的是，他们互相之间非常团结，从来不会因为谁得了第一或是谁做了更多的事情而争吵。他们的老师对此非常赞赏，建议他们今后在一起共事，这样一定会比一个人单枪匹马更能创造辉煌。

江河和钟山也非常愿意，于是在学校学习的最后一年，他们共同参加了同一家公司同一个职位的应聘。竞争非常激烈，而名额只有两个。这两个好朋友互相鼓励，争取成为最后的赢家。

他们的笔试成绩名列前茅，在第一轮面试的时候表现出色，终于同时来到这最后的门槛。这时竞争者只剩下了五个。这就意味着，有三个人将被淘汰出局。

江河首先进去，考官问了他一些专业上的问题之后，接着就说："我看了你们的简历，发现钟山和你是同学。能说说你对他的评价吗？"

江河料不到会回答这样的问题，他说："钟山是个很优秀的人才，也是我的好朋友。我希望以后能和他共事，这样一定会为公司作出贡献。"

"所以你们报同一个职位。"考官恍然大悟，"可是，你们想过没有，以后你们如果一旦成为同事，就会有很多利益上的冲突。也许到最后连朋友也做不成。"

"这我不担心，只要我们坦诚相对，相互忍让，问题是一定能够解决的。"江河觉得这根本不是问题。

"可是现在就存在一个这样的问题。总部刚才临时通知，

说这个职位改为只招一人。你和钟山，必须淘汰一个。"考官说完，仔细地观察着江河的反应。

江河的脸色果然变了，但过了一会儿，他就自信地说："我尊重总部的决定，但是我还是希望总部能重新考虑招我们两人，因为我和钟山是最佳拍档。我们合作的毕业设计在学校获奖。相信以我们两个人的力量，一定会为公司作出更大的贡献。"

考官没想到江河如此自信，不禁有些惋惜地说："听你这么说，我们真的很希望要你们两个人，可是，总部的决定很难更改。"

"如果这样的话，那么我将退出这个竞争。"江河无奈地说。

"为什么？你并不比他差。"

"这不是谁好谁差的问题，而是因为他比我更需要这个职位。"

钟山面试的时候遇到了同样的问题，一向老实的他连建议都没提，就说："我决定退出。"

结果大家都猜到了，他们两个都进了公司。

我们是朋友

有一个中国女孩，来到法国一所学校读书。刚入学时，就有好心的同学叮嘱她，最好离高年级那个叫杜比的法国男孩儿远点儿。因为，杜比是个智障少年，不仅喜欢跟人恶作剧，还经常无缘无故就动手打人。

这天，这名中国女孩正和几个同学在花坛边嬉戏，忽然，一个人影朝她们扑来，天啊，是杜比！

其他几个同学都吓得跑开了，可单薄的她却被杜比一把抱住。杜比用双手使劲掐住她的脖子，把她推到花坛边上，并大声叫喊着什么!

此时,跑开的同学都停住了脚步,远远地朝这边看过来,却不敢上前靠近半步。

望着杜比眼睛里射出的令人恐怖的怒火,这名中国女孩也特别害怕,可她心里十分清楚,此时此刻,能拯救她的只有她自己。于是,她稳了稳心神,用新学的法语艰难地对杜比说了一句话。然而,杜比似乎并没有听懂她在说什么,依然用恶狠狠的眼神瞪着她。

时间在一分一秒地过去。旁边的同学有的吓得闭上了眼睛;有的屏住呼吸,紧张地观望着这边的动静;也有的悄悄跑去找学校里的警卫。

而女孩,却不再手足无措,她用平和的眼神迎向杜比的眼睛,努力地重复了一遍刚才所说的话。杜比稍微愣了一下,眼中流露出些许困惑,手上却不再那么用力了。

她又用平静的语气重复了一遍那句话,脸上甚至绽出微微的笑容。这回,杜比完全听懂了,他的眼中不再蓄满怒火和困惑,而是写满了惊喜和感激!只见他松开双手,轻轻地拍了拍中国女孩的肩膀,在女孩的耳边用法语嘟囔了一句什么,然后迈步走开了。

围观的同学们都松了一口气。大家纷纷跑过来,好奇地追问女孩:"刚才你对那个'呆霸王'说了什么,竟然轻而易举地让他放过了你?"

女孩的脸上仍然带着微笑,平静地说:"我只是告诉他,我们是朋友。"

这是一个真实的故事。故事里的中国女孩叫周美兮,来法国不到半年。而杜比最后对她说的那句话竟然是——"谢谢"!

一个友善的微笑,一句温暖的话语,能让智障的人都心动,并充满感激。在平时的人际交往中,我们又应该怎样做呢?

感悟 ganwu

即使是智障的人,当面对自己的亲朋好友时,都会情不自禁地露出笑容。可见朋友的情感力量是不可估量的,它可以使脆弱的人变得坚强,使有智力障碍的人同样变得温情脉脉。

嫉　妒

华晶和李萌是从小到大的好朋友，又是从小学上到中学的同班同学，关系好得不得了。

但到了高中的时候，两个人之间就开始有了距离。原来在以前，她俩的成绩不相上下，在全年级排名很靠前，可是渐渐地，华晶的成绩退步了，尤其是数理化，怎么学也学不好。相反，理科是李萌的强项。结果，李萌的成绩达到了全年级的前三名。老师时常表扬李萌，有时也会顺带地批评那些退步的同学，说些"有的同学本来成绩不错，可是却骄傲自满，不思进取"之类的话。华晶总觉得是在说自己，加上妈妈老是为她着急，说什么，你看人家李萌成绩多好，你怎么就不如她呢？华晶与李萌关系再好，也难免心有隔膜。

李萌开始倒也没觉得什么。她每天照常到华晶家去等她上学，放学则照样等她。那时学习任务很重，有的同学放学之后就待在教室做题。有时李萌先做完，就会跑过去帮助华晶。可是有一次，华晶做一道数学题，想了好久也没头绪，一旁的李萌就说："让我看看。"华晶听了，顿时放下脸来："不用你教。"李萌愣住了，这天，她没有等华晶就直接回家了。

过了不久，李萌代表学校参加全国奥林匹克大赛，获了二等奖。消息传来，全校都为之振奋。只有华晶不高兴。她觉得以前李萌并不比自己强，怎么现在会这样呢？

放学之后，她闷闷不乐地回到了家。出差回来的父亲刚刚知道华晶得奖的事情。他尽管心里为女儿着急，可是看到她这样，就上前劝慰她。

华晶哭着对父亲说："我就不明白，她哪点比我强呢？"

父亲没有回答，而是讲了个故事给她听："从前有两位喜爱写诗的年轻人，姑且分别叫他们为甲和乙。他们相互鼓励，

|感 悟
ganwu

　　人总是容易嫉妒自己身边的人，而原谅陌生的人。其实这是人类的一个弱点，每个人都要勇敢地战胜它。

十分要好。有一次，他们带着各自的作品参加了一个诗歌比赛。在结果没公布之前，很多人非常看好一首参赛作品，他们啧啧赞叹，说这是哪位天才的作品呢？其中乙也十分佩服，觉得自己真的是技不如人。只有甲不发表意见。比赛结果出来后，这首作品名列榜首。当主持人宣布获奖作者就是甲的时候，乙嫉妒得发了疯。他没有想到自己口中的天才诗人，竟然就是自己的好朋友。他晚上喝得烂醉，回去失手杀了朋友。后来法官问他，如果那位获奖的是一位陌生人，你还会杀了那个人吗？乙说不会。"

华晶听了，低着头，不说话。

父亲又说："人总是容易嫉妒自己身边的人，而原谅陌生的人。这其实是人类的一个弱点。战胜它吧！孩子，只有战胜它，才能看清楚自己，才能真正走向进步。"

第二天，华晶主动来到李萌家等她。她说："对不起，昨天我没参加庆祝活动。现在我真心地恭喜你。"

于是两人又和好如初了。

跨越 47 年的感恩

1936 年，萧乾担任《大公报·文艺副刊》主编，无论对作者还是读者，他都非常热情。

一次，《文艺副刊》发表了杨绛的作品。当时杨绛已随丈夫钱钟书去英国深造。这笔发不出的稿费应当如何处理？按惯例，报社应当将这笔钱存留，等作者回国后再发。出于对作者负责，萧乾"自作主张"地将稿费兑换成外汇，悉数寄往英国。

1983 年，萧乾搬到北京复兴门定居。他听说钱钟书夫妇住在南沙沟，相距不远，便怀着仰慕之情去拜访这两位几十年未见的老相识。

萧乾来到钱家，是钱钟书开的门。见到萧乾前来，他竟然躬下身子热情相迎，并对里屋的杨绛说："恩人来了。"夫妇二人将萧乾奉为上宾，端茶倒水，十分热情。这一番礼遇让萧乾很纳闷，可他没好意思多问。

一天，萧乾与钱钟书小酌，借着酒力，他忍不住问："先生德高望重，与我也未曾有欠，为何总称我为恩人？"

钱钟书脱口说道："你还记得47年前曾经给杨绛寄过稿费吗？那时正是我俩在英国最困难的日子，你可帮了我们大忙啊。"

萧乾怔怔地想了半天，才记起当年的那件小事。他万万没有想到，时隔多年，这位大学者对此依然铭记于心。他感慨地说："原来如此！为作者服务只是我的本分。"

钱钟书坚持道："只要是帮助他人的事，分内分外又有何差别？我还是应该感激你。"

一段感激跨越了47年，始终没有消散。萧乾始终都将钱钟书这位至交好友记在心里。

感 悟
ganwu

也许对萧乾来说，这只是一件举手之劳的分内之事，却在无意中帮助钱钟书夫妇渡过了难关。他们将这件事铭记了47年，感激了47年，这同时也是对一份珍贵友谊的最好见证！

两位画坛巨匠的友谊

徐悲鸿和齐白石，这两位中国画坛的巨匠，犹如双子星座般永远闪耀在艺术的天空，而他们之间的友谊，也是一段永远在世间流传的佳话。

齐白石本是木匠出身，但凭着自身的天赋和后天的勤奋努力，不仅在绘画上取得了很高的造诣，而且一枝独秀不落古人窠臼。但在当时以模仿古人为能事的国画界，齐白石的处境十分尴尬，唯独徐悲鸿对他的画作甚为赞叹、敬佩。

徐悲鸿于1929年担任北平艺术学院院长后，亲自登门拜访这位仰慕已久却又素不相识的画家，并提出欲聘其为北平艺术学院教授的请求，但连去两次齐白石均婉言拒绝了。徐悲鸿没有灰心，又第三次登门邀请。60多岁的老画家被深深感动了，终于道出顾虑：自己从没有进过洋学堂，连小学都没有教过又如何能教大学？若遇上学生调皮捣蛋，自己这把年纪，恐怕无法给予教导。徐悲鸿便告诉齐白石：他无须讲课，只要在课堂上给学生们作画示范就行，并且自己一定会在旁边陪他上课。这样，齐白石才答应一试。

次日清晨，徐悲鸿亲自坐了马车来恭请，学生们也站在校门前以热烈的掌声迎接老画家来校任教。齐白石登室当场作画，学生都在一旁仔细观摩。画完后，在徐悲鸿的引导下，齐白石与学生展开了热烈的讨论。这堂课上得生动有趣，学生们认真听讲，踊跃发言，徐悲鸿和齐白石也觉得很满意。课后，徐悲鸿又亲自送齐白石回家。临别时，老画家激动地说："徐先生，你真好，我以后可以在大学教书了，我应当拜谢你。"说着便双膝下屈，欲对才30多岁的晚辈徐悲鸿行大礼。徐悲鸿慌忙扶住他，热泪盈眶……两位画坛大师，就这样开始了他们终生不渝的友谊。

当时的北平画坛观念极为落后，徐悲鸿欲革新中国画的主张遭到保守派的强烈反对，就连聘齐白石为教授之举也成为众矢之的而遭到非议。"齐木匠居然也来当教授了！"流言蜚语，诽谤刁难，一时俱发。徐悲鸿深感孤掌难鸣，只好辞去院长职务，南下沪宁。临行时，他去辞行，齐白石当场画了幅《月下寻归图》相赠，并在画上题诗曰："草庐三顾不容辞，何况雕虫老画师。海上清风明月满，杖藜扶梦访徐熙。"

徐悲鸿南下后，和齐白石书信往来不绝。当时，齐白石尚未正式出过画集，只是自费印了200本画册赠亲友。为了扩大齐白石的艺术影响力，徐悲鸿向中华书局推荐，并自任编辑亲写序言，终使齐白石的第一部画集正式出版。齐白石收到自己的画集和稿酬时，无比喜悦和激动。老人又一次被徐悲鸿深深感动了。

感悟
ganwu

真正的朋友会相互欣赏对方的才华和优点，相互鼓励对方冲破阻碍和困难，相互想念在战火纷飞的岁月，相互重逢在胜利的喜悦中！

抗战时期由于战火纷飞，徐悲鸿与齐白石已不能再书信往来，徐悲鸿写了许多怀念旧友的诗篇，如："烽烟满地动干戈，缥渺湘灵意若何。最是系情回首望，秋风袅袅洞庭波。"

抗战胜利后，徐悲鸿急从重庆致信齐白石，很快便收到回信。齐白石在信中满怀深情地写道："生我者父母，知我者君也!"不久，徐悲鸿回到北平，立即去拜访齐白石，分别十多年后，故友重逢，两人不禁悲喜交集。不久，徐悲鸿就任北平艺专校长，便立即聘请齐白石担任该校名誉教授，并经常与齐白石在一起作画、长谈，他们之间的友谊更深厚了。

不能忘记少年朋友

从前有个贫穷的秀才，名叫马文举。他自幼聪颖，喜欢读书，但苦于家贫，只能靠打柴来养活自己和老母亲。幸好在他的周围，有一帮和他一样贫穷善良的少年。他们虽然不像马文举一样有学问，可是都很仗义。在马文举20岁那年，朋友们东拼西凑，给他凑齐了进京赶考的盘缠，还说会帮助照顾他的老母亲，让他放心考试。

马文举含着泪，恋恋不舍地离开了家乡。他那时就想，这次一定要高中，不能辜负了这帮患难朋友。后来在考试中，马文举果然一举成名，成了皇帝钦点的探花郎。一时间，赞誉之辞从四面八方涌来。他还住上了大房子，整天被人邀去喝酒吃饭。当朝宰相更是要把女儿许配给他。马文举过惯了苦日子，所以一下子从地上飞到了天上，那高兴劲可别提了。他早已忘了患难中的那帮朋友。如果不是宰相问起马文举的家人，他几乎把回家的事给忘了。

朋友们听说马文举荣归故里，一个个都杀鸡备酒，要为马文举好好庆祝一下。可是马文举自从回来之后就一直很忙，今天是县太爷有请，明天是村里的员外有请。后来

感悟 ganwu

得意时，人往往会被虚荣所迷惑，忘记患难中的朋友。可是当这一切的富贵都破灭，你会发现，自己身边其实一个朋友也没有了。

还是他的老母亲提醒他，做人不能忘本，他才把朋友们都请到家里来。

在酒席上，他说了一些客气话，然后取出一大包银子，说是还给各位朋友的。朋友们都不肯收，他就生气道："以前是你们资助我，现在我有钱了，就轮到我资助你们了。"朋友们都觉得他很仗义，其实马文举是想用这些银子打发这些穷朋友，并求得一些心理上的安慰，觉得他再也不欠他们了。

这些朋友都是粗人，在喝得高兴时，有人竟然脱了外衣，手舞足蹈起来。还有的则敲着碗，旁若无人地唱着歌。其中一个朋友还说起了马文举以前做过的某件傻事。马文举气得当场拂袖而去。在家没两天，他就带着老母亲回京城去了。

后来他娶了相府千金，又凭自己有几分才气，一路青云直上，后来还当了宰相。在这几十年里，他除了扶着母亲的灵柩回家乡安葬，几乎就没有见过他从前的那些朋友。而那些朋友们好像也知道他们之间的差距，很自觉地疏远了。

丢下了这帮朋友，马文举一点也不寂寞。他在京城有一大帮朋友，他们衣冠楚楚，举止文雅，与从前那些乡下朋友是天壤之别。而且这些朋友总是说好话，从来不曾直言过他的缺点。马文举觉得这才是他真正的朋友。

可是天有不测风云，马文举在一次案件中被牵连，加上有人暗中做手脚，被皇帝降职了。从这以后，原来车水马龙的家门顿时门可罗雀。以前的那些所谓的朋友没有落井下石就已经很好了。马文举一边哀叹着世态炎凉，一边诅咒着这帮忘恩负义的朋友。这时他突然想起了那帮少年时代的朋友，于是他上表皇上，请求回乡终老。

就这样，马文举带着家小回到了家乡。没多久，他准备了丰盛的酒宴，然后差人去请那些朋友。可是送信的仆人回报说，那些朋友都自称是粗鄙小人，不宜与大人共饮。马文举只好对着空空的圆桌发呆。

因为她是我最好的朋友

那是发生在越南一个孤儿院里的故事，由于飞机的狂轰滥炸，一颗炸弹落在了这个孤儿院里，几个孩子和一位工作人员被炸死了，还有几个孩子受了伤。其中有一个小女孩流了许多血，伤得很重。

幸运的是，不久后一个医疗小组来到了这里，小组只有两个人，一个女医生，一个女护士。

女医生很快展开急救，其他孩子都脱离了危险，唯独那个受伤的小女孩，因为她流了很多血，需要输血，但是她们带来的不多的医疗用品中没有可供使用的血浆。于是，医生决定就地取材，她给在场所有的人验了血，终于发现有几个孩子的血型和这个小女孩是一样的。可是，那个医生和护士都只会说一点点越南语和英语，而孤儿院的工作人员和孩子们只听得懂越南语。

于是，女医生尽量用自己会的越南语加上手势告诉那几个孩子："你们的朋友伤得很重，她需要血，需要你们给她输血！"终于，孩子们点了点头，好像听懂了，但眼里却藏着一丝恐惧。

孩子们没有人吭声，没有人举手表示自己愿意献血。女医生没有料到会是这样的结局，一下子愣住了，为什么他们不肯献血来救自己的朋友呢？难道刚才对他们说的话他们没有听懂吗？

忽然，一只小手慢慢地举了起来，但是刚刚举到一半又放下了，过了一会儿又举了起来，这次再也没有放下。

女医生很高兴，马上把那个小男孩带到临时的手术室。小男孩看着针管慢慢地插入自己细小的胳膊，血液一点点地被抽

|感 悟
ganwu

真正的朋友，是会在你遇到危难的时候救你，甚至愿意为你付出生命的人。

129

走，眼泪不知不觉地就顺着脸颊流了下来。女医生紧张地问是不是针头弄疼了他，他摇了摇头，但是眼泪还是没有止住。女医生开始有点慌了，因为她总觉得有什么地方肯定弄错了，但是到底是什么呢？

这个时候，一个越南的护士赶到了孤儿院。女医生把情况告诉了越南护士。越南护士忙低下身子，和这个小男孩交谈了起来，不久后，孩子竟然破涕为笑了。

原来，那些孩子都误解了女医生的话，以为她要抽光一个人的血去救那个小女孩。一想到不久以后就要死了，所以小男孩才哭了出来。女医生终于明白为什么刚才没有人自愿出来献血了，但是她不明白，既然以为献过血之后就要死了，为什么那个小男孩还自愿出来献血呢？

于是越南护士用越南语问了一下小男孩，小男孩未加思索就回答了。回答很简单，只有几个字，却感动了在场所有的人。

他说："因为她是我最好的朋友！"

狗的友谊

在一户有钱人家里，两条狗正舒舒服服地躺在院子里晒太阳。它们平时都是守在门口的，现在，主人喂饱了它们，特意让它们休息休息。两条狗很惬意，忘记了它们曾经在主人面前互相争宠，也忘记了它们曾经在门口各摆威风，以显出自己比对方神气。

太阳晒得它们有点懒洋洋的。它们不禁攀谈起来，天南地北，谈到了生活中的各种问题，当然也谈到了友谊。

其中一条黑狗说："友谊真是一件神奇的东西。有了它，大家就会互相帮助，相亲相爱，好像兄弟一样；以朋友的快乐

为快乐，以朋友的悲伤为悲伤，有难同当，有福共享。你说，天底下有比这更快乐的事情吗？就譬如我和你，两人天天在一起生活工作，如果我们相亲相爱，就会觉得生活多么美好，连日子过去都不觉得了。"

另一条狗热烈地回答道："朋友，对于你的话我非常赞成！你说我们两个天天都生活在一起，不管白天还是黑夜，可是却没有一天不打架。现在想起来我都觉得痛心。唉，我们又是何苦呢？主人对我们那么好，天天让我们吃饱喝足，又给我们提供了这样一个宽敞的住所，我们还有什么不满意呢？唉，我们打架真是太不应该了。人类都把我们当做友谊的典范，可是为什么狗与狗之间的友谊，和人与人之间的友谊会不一样呢？现在不如让我们证明给人类看看：彼此之间要结成友谊是很容易的事情。"

"来吧！我们握个手吧！"黑狗兴奋地嚷道。

"非常赞成！"黄狗也兴奋地举起手来。

只见它们互相握手，还站起来拥抱对方，互吻脸颊。那样子好像它们是多年的老朋友了一样。

可惜好景不长，厨房里突然扔出了一根骨头。那根骨头是那么诱人，以致两个新朋友立刻忘了刚才的话。它们像闪电一样地朝骨头直扑过去，你不让我我不让你，相互撕咬着。刚才那种友好温存的场面荡然无存，剩下的只是一蓬蓬散乱的狗毛满天飞舞。

正当它们打得不可开交的时候，厨房里又泼来了一盆冷水。两条自相残杀的狗总算被拆开了。

谁才是真正的朋友

傍晚，一只羊独自在山坡上玩。

突然从树林中窜出一只狼来，要吃羊，羊跳起来，拼命用

感悟
ganwu

真正的友谊应当是超越利益之上的，否则，就会像文中的两条互相示好的狗一样，在利益当头的时候本性毕露，相互残杀。

角抵抗，并大声向朋友们求助。

牛在树丛中向这个方向望了一眼，发现是狼，跑走了。

马抬头一看，发现是狼，一溜烟跑了。

驴停下脚步，发现是狼，悄悄溜下山坡。

猪经过这里，发现是狼，飞速冲下山坡。

兔子一听，更是如箭一般离去。

山下的狗听见羊的呼喊，急忙奔上坡来，一下咬住狼的脖子，狼疼得直叫唤，趁狗换气时，仓皇逃走了。

羊回到家后，朋友们都来看望它。

牛说："你怎么不告诉我？我的角可以剜出狼的肠子。"

马说："你怎么不告诉我？我的蹄子可以踢碎狼的脑袋。"

驴说："你怎么不告诉我？我一声吼叫，吓破狼的胆。"

猪说："你怎么不告诉我？我用嘴一拱，就让它摔下山去。"

兔子说："你怎么不告诉我？我跑得快，可以传信呀！"

在这闹嚷嚷的一群中，唯独没有狗。

感悟
ganwu

真正的友谊，不是花言巧语，而是关键时候拉你一把的那只手。在你需要的时候，默默为你付出、关心你的人，才是真正的朋友。

淡淡的友谊

我大学毕业有9年了，这期间，我换了一份工作，结了婚，也生了孩子，日子过得平淡而充实，只是偶尔会觉得寂寞。尤其是看到那些刚从学校毕业的同事们，每逢节日就会收到一大堆的明信片，心里更是失落。

曾经自己也有过这样的岁月。刚毕业的时候，每个月我都会收到一大堆的信件，更不用说节日的贺卡了。可是渐渐地，信件少了，贺卡也少了。再后来，信件没了，贺卡倒是还有几张。而到现在，已是一张贺卡也没了。

我自己也变懒了，渐渐地不写信，也不寄卡了。我对朋友的全部思念仿佛只剩下一句祝福，一句藏在心里没有说出的祝福。

2009年元旦的前一天，我正准备下班回家，传达室的老先生突然送来一张贺卡。我非常惊讶，现在还会有谁用这么古老的方式给我祝福呢？

这是一张很精致的卡片，正面是美丽的雪山风光。我翻过背面，一行既熟悉又陌生的字迹赫然映入眼帘：

好久不见！听说你换工作了，现在还好吗？新年到了，我想把全部的思念和祝福都带给你。

落款没有地址，只有一个单字：云。

我轻呼了一声，原来是她！那是我大学的同学，两人关系不是最亲密的，但却一直保持着淡淡的友情。她好像以前给我寄过卡，可是最近几年好像没有。她怎么想起给我寄卡呢？我很高兴，也有些纳闷。

回家之后，我打开尘封已久的抽屉，找出一堆卡片。我翻开背面仔细地看，竟然一下子找出了七张落款为云的卡片。这些卡片都是连着的，每年一张，只有最近的这两年没有。不用说，那两张一定是寄到了自己的原单位。

我这样想着，心里不觉涌起了一股淡淡的暖流。

感 悟
ganwu

有一种友情，虽然不够浓烈，却悠然、长远，仿佛一杯清香的茶，时时温暖着我们随着岁月渐渐苍老的心灵。

第<u>5</u>章

诚信是金

　　古人说："真者，精诚之至也。不精不诚，不能动人。"古人还说："自古皆有死，民无信不立。"两者合起来，就是诚信。

　　诚信于人，是比生命还要宝贵的品质。当你坐在生命的诺亚方舟之上，满载着美貌、健康、财富、荣誉和才学，可是一旦失掉了诚信，你将会在风高浪急、烟雾渺茫的大海上迷失自我，永远到达不了光辉的彼岸。

　　诚信于国，是重于泰山的责任。晋文公退避三舍，取信于天下万民；周幽王烽火戏诸侯，误国误民误己。

　　在充满挑战的21世纪，诚信不仅仅是个人的美德，还是社会进步的中流砥柱，推动着文明的车轮滚滚向前。

退避三舍

人人都知道退避三舍这个成语的意思，可是对它的来源并不一定清楚。原来，退避三舍来源于晋文公讲究诚信的典故。

晋文公在未继位前，被父王的宠姬谗毁，不得已而四处逃亡。在路过楚国的时候，楚成王以诸侯礼待之。重耳由于自己寄人篱下，心中难免惭愧。有一天，楚成王又用美酒佳肴招待重耳，在酒酣耳热之际，楚成王问重耳："如果有一天你回国继位，那你将怎样报答寡人？"

重耳听了有些为难地说："金银珠宝，大王都有了，我实在不知用什么回报您。"

楚成王说："虽然这样，但您难道就没有别的办法来报答我吗？"

重耳又想了想，答道："如果有一天，我不得已要与大王决战，愿退避三舍（90里）。"楚成王听了不以为然。

后来，重耳真的回国当了君主，成为晋文公。晋国在他的领导下越来越强大，威胁着当时的霸主楚国的地位。终于有一天两国决战，楚国由将领子玉带军，来势汹汹。但晋文公却命令军队不战而退。部下觉得奇怪，就问为什么要撤退。晋文公说："以前我在楚国受到厚待，曾许下诺言，如果有一天两国决战，我军将退避三舍。我怎么可以做不讲信用的人呢？"

这件事传出去后，天下的能人志士争相投靠晋文公。

感悟
ganwu

晋文公曾经说："信，国之宝也。"他身体力行，凭着良好的信誉获得了诸侯的尊重。诚信不是一句口号，重在践行。

诚实造就的国家栋梁

北宋著名的词人晏殊，一生写过许多脍炙人口的作品。如：

"满目山河空念远，落花风雨更伤春。"

"昨夜西风凋碧树，独上高楼，望尽天涯路。"

相信很多同学对这几句词都能倒背如流，但对于晏殊讲究诚信的故事，知道的人也许就不那么多了。

晏殊是江西抚州人。他天资聪颖，在 7 岁的时候就能写出很好的文章，远近闻名。晏殊 14 岁的时候，抚州来了一位官员。他听说晏殊小小年纪就能做诗，而且写得还特别好，就把他当做神童推荐给朝廷。

大臣们见晏殊年幼，都有些不相信。皇帝也有些怀疑，便有意试他的才能。他令晏殊和 1 000 多名考生一起应试。等到考试的那天，晏殊看到在这些考生中，有二十几岁的青年，有三四十岁的中年人，还有六七十岁须发都白了的老年人，只有自己年纪最小。但晏殊一点也不害怕，只见他神态自若，提起笔，几分钟就写出了一篇好文章。皇帝一看，顿时龙颜大悦，马上嘉奖晏殊。

又过了两天，晏殊参加复试，内容是诗、赋、论。晏殊一看试卷，高兴得几乎跳了起来，原来这考题正是自己练习多次的题目。他只要将原来的默写下来，不费吹灰之力就可以将文章写得声情并茂。可是这样好吗？

皇帝和众人见晏殊犹豫，以为真的考倒了他。没想到晏殊突然奏道："臣曾经练习过这个题目，请陛下另试他题。"

众人大吃一惊，皇帝也很吃惊，就问他："这是真的吗？"

"臣不敢欺瞒陛下。"

"你知不知道你只要做好了这道题，就可以中进士，然后可以当官。"

"臣知道。"

"而且只要你不说，朕不会知道，大臣们也不会知道。你为什么要说出来呢？"

晏殊听了，朗声回答道："科举考试是为了选拔人才，如果我因为熟悉这道题目而中进士，那就显不出我的真实水平，

感悟
gǎnwù

如果晏殊仅仅只有才华，皇帝会赏识他；但如果他同时又有了诚实，皇帝就会加倍地信任他。因为要成为国家的栋梁，没有诚实是不可想象的。

国家也选不到真正的人才。再说臣也不愿做一个不诚实的人！所以还是请陛下另试他题。"

皇帝听了很高兴，就命大臣又出了一道题。这次晏殊又是援笔立成。皇帝看后更高兴了，说："你小小年纪就有如此的才华，将来必能成大器。更可贵的是你还很诚实，朕相信你一定会成为国家的栋梁。"

后来晏殊一路青云直上，坐到了宰相这样的高位。他不仅工作勤勤恳恳，而且善于提拔人才，像后来非常著名的大臣范仲淹、韩琦、欧阳修等人，都经过了他的栽培。晏殊不但自己如皇帝所说的，成了国家的栋梁，而且让他的学生都成了国家的栋梁。

烽火戏诸侯

感悟
ganwu

比起童话中的"狼来了"，"烽火戏诸侯"的教训更为惨痛。这不仅因为它是真实的历史，也因为失信的人是代表国家的帝王。人无信不立，国无信也不立。

周幽王是历史上有名的昏君。他平日不理朝政，只知道吃喝玩乐，还差人四处寻访美女。

后来他终于得到一个名叫褒姒的绝世美女，她有闭月羞花、沉鱼落雁之容，可就是整天闷闷不乐，从来不笑。

周幽王为此十分苦恼，他想尽了各种办法来逗她开心。今天送金银珠宝，明天送奇珍异果，还不顾大臣和诸侯们的极力反对，把王后和太子都废了，立褒姒为王后，立褒姒生的儿子伯服为太子。可是褒姒仍然一点笑容都没有。周幽王没办法了，于是在宫中悬赏，称有谁能让褒姒开颜一笑，就赏他一千两黄金。

没过多久，果然有人替周幽王想了一个主意。那就是在骊山点燃烽火，戏弄一下诸侯。原来古时候为了传递军情，在军事要地每隔几里地就建立一座高台，称为"烽火台"。如果发现敌人白天入侵，守兵就会放烟示警；敌人晚上入侵就点火示警。与之最近的守兵看见了，也会跟着点燃烽火。

就这样一座接着一座，一直传到远方。周朝为了防备西部少数民族犬戎的入侵，在骊山一带造了 20 多座烽火台。只要点燃烽火，附近的诸侯们就会发兵来救。可见不是紧急情况，烽火不会轻易点燃。可是昏庸的周幽王为了博得褒姒一笑，竟然决定一试。

他带褒姒来到骊山，命人点燃烽火。附近的诸侯还以为真是有紧急情况，连忙带领兵马前来救援。可是当他们赶到骊山，只见到一片欢乐和平的景象，连一个敌人的人影都没见到。他们一个个面面相觑，不知道发生了什么。

看到诸侯们纳闷的样子，褒姒忍不住笑了，周幽王高兴得不行，连连拍手说："笑了，笑了！"这时诸侯们才知道上了当，一个个义愤填膺，又不能发作，只好憋了一肚子的气回去。

周幽王见点燃烽火能逗褒姒一笑，就变本加厉，屡次点燃烽火。被戏弄了一次又一次的诸侯们再也不信任周幽王了。

后来敌人真的打进来了，原来被废王后的父亲是申国的诸侯，他早就对昏庸无道的周幽王不满，于是联合犬戎进攻周朝的都城镐京。

周幽王这下乱了手脚，他连忙命人点燃骊山的烽火，可是诸侯们吸取教训，谁也不理会。结果周幽王势穷力孤，被打得落花流水，不但自己和儿子被杀，褒姒也被掳走了。

敢于诚言直谏的孙伏伽

公元 618 年，李渊在长安称帝，建立了大唐王朝，史称唐高祖。其后，朝廷举行了唐朝历史上的第一次科举考试，孙伏伽名列榜首，他也是我国历史上第一位文状元。

敢于诚言直谏的孙伏伽看到，战乱之后的唐朝还很落后，需要尽心治理，于是就对高祖说："隋朝是因皇帝不听取诚实

的忠告才灭亡的，陛下要吸取教训。再有才华的人也不可能把所有的国事都想得很周全，只有善于用人，虚心听取意见，才能治理好国家。"高祖听后，觉得孙伏伽是为国家着想的忠信之人，于是任命他为治书御史。此后，孙伏伽多次向高祖直言进谏，深得信任。

唐太宗李世民即位后，孙伏伽仍然敢于直言进谏。

唐太宗在继位之前，南征北战，经常打仗。后来天下太平了，没仗可打，于是迷上了打猎。

一天，唐太宗又要去打猎，他领着几个侍卫，背弓插箭，带着猎鹰和猎犬，正要出发。这时孙伏伽匆匆赶来，一把拉住马缰绳说："陛下打猎，游戏林中，骑马射箭，不免会惊扰到百姓，而且自己没有必要的保护措施也是很危险的。陛下为了国家和百姓，不要贪图一时痛快，任着性子做这种无益的事。"

正在兴头上的唐太宗仿佛被人当头泼了一盆冷水，又扫兴又尴尬，真是气不打一处来。但是他又不想破坏大唐王朝虚心纳谏的传统，于是耐着性子说："我今日闲着无事，只是想借此机会出去走走。再说我打猎都绕着村庄，从不惊扰百姓，另外也带了不少侍卫，你还有什么不放心的？"说完就要登鞍上马，并向随从挥挥手，准备出发。

哪料到，孙伏伽把马缰绳绕在腰间，跪在马前说："陛下今天出门，就请从老臣身上踏过去，我愿意用死换取皇上对诚实忠告的采纳。"

唐太宗大怒，说："我本来认为你是一个诚信勇敢的人，能够以诚言进谏，不好损你颜面；哪知你却不知好歹，目中无人，限制起我的行动来了。来人，把他给我拖出去斩了。"

几个高大强壮的武士立刻闻声而来，把文弱的孙伏伽抓了起来。孙伏伽面无惧色地说："夏朝的关龙逄因直言进谏而被杀，我情愿和他在九泉之下相见，也不愿意再侍奉你了。"

这时，唐太宗笑了，说："我不过是试一试你的胆量，你

感悟
ganwu

孙伏伽心系百姓和国家，敢于诚言直谏，不畏权威，甚至将个人生死置之度外，这样的忠信之人定是国家的栋梁。

还真是一个诚信有勇的君子，有你真是大唐王朝的福分啊！好，那朕今天就不出去了！"不久，唐太宗封孙伏伽为谏议大夫。

"闭门苦读"的赵林

从前有个名叫赵林的人，他自小才华出众，勤奋好学，但是家里却很穷。全家都指望他能够金榜题名，从此振兴家业。赵林也不负众望，在他 20 岁那年，成为了新科探花。皇帝很赏识他，将他留在京城做官。

感 悟
ganwu

每个人都有缺点，赵林也不例外，但是他却勇于在皇帝面前承认错误，这种诚实并不是每个人都能有的。

赵林做官之后，渐渐结交了一些朋友。那些朋友敬慕赵林的才华，经常与他讨论诗词。赵林也很喜欢和他们交往。但那些朋友都是富家子弟，总是喜欢到酒楼上饮酒作乐。赵林毕竟年轻，也非常想出去玩，可是想到自己家里还不够富裕，又不能每次都花朋友们的钱，他就只好推辞不去。为了克制自己，赵林每天办完公事，就回到家里闭门读书。

皇帝经常派手下的人去监督官员，看他们有没有什么不好的表现。有一天，他突然想起赵林，就问负责监督的官员："赵林最近在忙什么呢？"

官员回答道："赵林每天除了办公事，就是在家里闭门读书，很少出门。"

皇帝听了十分高兴，心想，其他的进士一当了官就整天花天酒地，一点上进心都没有，赵林真不愧是朕选出来的人才。于是点名让赵林做了太子手下的官员。

赵林听说自己升了官，赶忙进宫谢恩。

皇帝问他："卿觉得京城怎么样啊？"

"花柳繁华地，温柔富贵乡。"

"那你为什么整天都不出去逛啊？京城像你这样闭门苦读的人真是越来越少了。"

赵林一听，连忙跪下，回答道："臣并不是不想出去宴饮游乐，怎奈家贫无钱。臣真是愧于皇上的夸奖。"

皇帝听了，又惊又喜。惊的是赵林并不是他想象的那样勤奋，喜的是赵林能毫不隐瞒，坦然相告。他说："朕可以因为你的勤奋而奖励你，也同样可以因为你的诚实奖励你。朕相信像你这样才华横溢又质朴诚实的人，一定会为国家作出贡献。"

后来赵林果然如皇帝所言，成为了一个诚实正直、为国家人民着想的清官。

说话不算话的富翁

感悟
ganwu

一个人若不守信，便会失去别人对他的信任，也包括自己的亲人。

从前有个很有钱的富翁，他平日作威作福，为人还十分吝啬。有一天他坐着船去一个地方，在半途中船突然沉了。慌忙之中他紧紧抓住了一根木头。待喘过气来，他就开始大声地呼救。有几个渔夫闻声而至，但是他们看到水流很急，都有些害怕，不敢上前救人。富翁见状，急忙喊："我家很有钱，你们中有谁能够救我，我就给谁100两银子。"

俗话说：重赏之下，必有勇夫。有一个渔夫冒着危险，把富翁救了上来。这时富翁家里的人也来了。他5岁的儿子见了爸爸，欢呼着扑上来，这个富翁一把抱起儿子，只顾着逗他，丝毫不理会那个把他救上来的渔夫。这个渔夫急了，就提醒富翁。没想到富翁翻脸不认账，他说："谁答应过给你100两银子？你要搞清楚，我虽然有钱，但也不是随便给人的。"

那渔夫听了很生气，责怪富翁不守信。富翁火了，他说："你再纠缠不休，我就让人揪你去官府。"说完他朝身后使了个眼色，顿时有几个打手冲上前来。

这渔夫看他人多势众，只好忍气吞声。其他几个渔夫见状赶快跑了上来，纷纷责怪富翁出尔反尔。这时富翁5岁的儿子也跟着学，说："爸爸不讲信用。"

富翁听了，脸上红一阵白一阵。他从身上摸出 5 两银子，说："好吧，这些银子赏给你们。"

渔夫们还想争辩，富翁就说："你们天天捕鱼，能赚得了几个钱？这 5 两银子已经够多的了。"

渔夫们想了想，对方财大势大，他们肯定惹不起，只好自认倒霉，收了银子之后就走了。

富翁占了便宜，高高兴兴地回去了。可是他不讲信用的名声却传遍了全城，再也没有人愿意和他做生意，他家越来越穷。更糟糕的是，他最疼爱的儿子一点都不信任他，总是说："爸爸不讲信用。"现在他可后悔了，只是一切都太晚了。

立木取信

战国时期，周王室的影响越来越弱，有能力有野心的诸侯国纷纷寻访能人志士，扩充自己的力量。这时有七个势力最大的诸侯国，分别是齐、楚、秦、燕、赵、魏、韩，史称"战国七雄"。他们争相进行以富国强兵为目标的变法运动。其中以秦孝公任用商鞅进行的变法最为彻底。

秦孝公即位的时候，秦国的处境很不妙。因为当时势力最大的是齐国，而秦国在政治、经济、文化各方面都比较落后，中原各国把它看做野蛮民族，瞧不起它，很少跟它来往，还不时派兵侵夺它的土地。秦孝公觉得秦国内外交困，决心奋发图强，改变秦国的落后局面。为了寻求改革的贤才，他就下了一道命令："不管是本国人，还是外国人，谁能出谋划策使秦国富强起来，我就封他做大官，给他土地。"

不久，一个叫卫鞅的年轻人来应征。他本姓公孙，名鞅，原是卫国的一个没落贵族，所以大家管他叫卫鞅。这时的卫鞅正是四处碰壁，才能得不到施展的时候，忽然听说了秦孝公的求贤令，就赶快来到了秦国。

感 悟
ganwu

卫鞅的聪明之处在于，他知道取信于民才是使国家富强的关键因素。

143

卫鞅凭着自己的才能很快就取得秦孝公的信任，又在辩论会上舌战群雄，将反对变法的贵族们说得哑口无言。秦孝公看到商鞅才华出众，当时就任命商鞅为左庶长，主持变法。

但卫鞅却并不急着变法，他深知只取得秦孝公的信任是不够的，更重要的还是要取得人民的信任。于是在新法颁布之前，他在都城的南门立了一根三丈高的木头，并贴出告示，声称：有谁能把这根木头搬到北门去，就赏他 10 两黄金。

看热闹的人越来越多，可就是没有一个人动手。原来大伙都想：搬个木头就得这么多金子，哪有这等好事？不是捉弄人吧？

卫鞅见状，就又将赏金提高到 50 两。大伙都想得到金子，一个个摩拳擦掌，跃跃欲试，可就是没有一个人真的过去。

过了一会儿，终于有个人抱着试一试的态度从人群中挤了出来，他挽起衣袖，把木头一直扛到了北门。围观的人都想看看卫鞅是不是真的给他那么多赏金，于是一个个都跟到了北门。

卫鞅看到那么多人，心想是给赏金的时候了，于是他立刻传令赏给那个扛木头的人 50 两黄金。

这下人们可炸开了锅，他们逢人便说："左庶长真是说到做到，诚实守信。"

到了第二天，想得到赏金的人们又跑到南门去，可是他们这次没有看到木头，而是看到了颁布的新法令。由于卫鞅昨天的立木取信，人们没有一个人怀疑这个法令的真实性。

就这样，卫鞅机智地取得了老百姓的信任，他的变法也得到了老百姓的支持。没过几年，秦国就逐渐强大起来，成为战国七雄中势力最大的一个。而秦孝公也说到做到，他赏给卫鞅许多金银，还赏给他商地十五邑，号为"商君"。后来"商鞅"的名字就是这样得来的。

男孩和樱桃树

一天中午，庄园主从外面回来，带回一把锋利的小斧子，随手放在门边，就干活儿去了。

正巧，庄园主的儿子看到了这把斧子。他看着闪闪发光的斧子，十分喜爱，拿在手里左看右看，心想：这么亮的斧子究竟快不快呢？他很想试一试。于是，他带着斧子跑到了樱桃园里。他选中了一颗细小的樱桃树，学着大人砍树的样子，举起斧子用力砍下去。只听"咔嚓"一声，小树被拦腰砍断了。

男孩一看不好，知道自己闯下了祸，就赶紧跑回家，把斧子放回了原处，躲到屋里，忐忑不安地捧起一本书，装作专心的样子读起来。

几个小时后，庄园主回来了。当经过樱桃园时，发现自己最心爱的那棵樱桃树被砍断了，他顿时大发雷霆。回到家里，他把果农叫来训斥了一顿，并要他把砍树的人追查出来。一直躲在屋里的小男孩看到这种情景，心想，如果我不承认，万一错怪了别人，那多不好啊！但转念又一想，如果去承认了，父亲一定会责备我，也许还会打我。该怎么办呢？他在屋子里犹豫了一会儿，终于大着胆子来到了父亲面前，低着头，红着脸说："别再追查了，树是我砍的。"父亲问明了情况，不但没有责备他，还把他搂进怀里，意味深长地说："孩子，我为你的诚实而高兴。要知道，做人首先要诚实，这比 100 棵樱桃树还要宝贵。"

小男孩点点头，把父亲的这些话牢牢记在了心上。这个小男孩就是后来的美国总统华盛顿。

感悟
ganwu

一个人做错了事不要紧，重要的是敢于承认错误。只有拿出勇气面对自己的错误，才会真正从思想上克服它、改正它，才会让自己成为一个讲诚信的人。

崔枢还珠

感悟
ganwu

义，是古人最为重视的品质之一。在义的面前，钱财变得那么无足轻重，在现代社会中，我们仍然需要这种品质。

唐朝时，有个书生名叫崔枢。他家里很穷，进京赶考的钱都是亲戚朋友东拼西凑好不容易才得来的。崔枢一路上省吃俭用，日夜兼程，希望早日赶到京城。

有一天，他在路上遇见了一个也上京城的商人。两人相谈甚欢，于是就结伴而行。商人见崔枢很节省，就处处想帮崔枢，可是每次都被崔枢谢绝了。

在他们赶到汴州的时候，天已经很晚了。于是他们决定找家客栈住一宿。第二天一早，崔枢见商人没来吃早饭，就到他的房间去叫。可是叫了几声都没人应答。于是崔枢推门进去，发现商人脸色苍白，躺在床上瑟瑟发抖。崔枢急忙叫来大夫诊治，可是大夫对此也束手无策。原来商人得了一种很奇怪的病，恐怕是不能好了。

崔枢知道后非常难过，他决定留在客栈细心地照顾病人。有一天，商人好像有点起色，他对崔枢说："我想我是不能好了，这么多天辛苦你了。我死之后，请你将我安葬。钱你不用担心，我身上还有一些银两，就用来给我办后事。"

崔枢听了，难过地说："大哥别说这样的话，你安心养病，一定能好的。"

商人摇了摇头，说："我的病我自己知道，你别安慰我了。只是这样客死异乡，不能见到家人，总有些不甘心。"

崔枢说："你别担心，我进京考完之后一定给你家人报信，让他们把你带回家乡安葬。"

商人听了很感激，他取出一颗闪闪发光的宝珠，说："你的恩情我无以为报，这颗宝珠，就姑且当做对你的报答。"

商人说完就去世了。

一年之后，商人的妻子见丈夫迟迟不归，就寻夫来到汴州。她打听到丈夫早已病逝，是由一个叫崔枢的年轻人办理的后事。可是这个年轻人进京赶考，再也没有回来过。

"他一定是带着我夫君的宝珠逃跑了！"商人的妻子这样想道。于是她跑去告官，声称是崔枢骗走了那颗价值连城的宝珠。

官府接到案子之后马上派人把崔枢抓来审问。崔枢大喊冤枉，说："那颗宝珠是商人为了表示感谢送给我的，再说我也没要。"

"那宝珠上哪儿去了？"

"我把它放在棺材里陪葬了。"

众人听了，连忙打开棺木，发现宝珠果然在里面。于是一切真相大白，大家纷纷赞扬崔枢是个重义轻财的人。

孩子是最不能被欺骗的

钟先生是一名大学教授，他为人正直诚实，还很会教育儿女。有一年暑假，他要到北京去参加一个学术会议，10 岁的小女儿从来没到过北京，一听爸爸有这样的机会，就吵着要去。

钟太太拉开女儿，说："你爸爸是去开会的，下次有机会专门带你去玩。"

可是女儿听不进这些大道理，她拉着爸爸的手，一个劲地撒娇。

钟先生就说："你这次要是听话，爸爸就到北京给你带礼物回来。"

"我要一把小提琴。"女儿最近对音乐非常着迷。

钟先生想了想，就答应了。女儿非常高兴，再也不吵着去北京了。

过了几天，钟先生回来了。他果真带了一把小提琴回来。钟太太见了，就埋怨道："以前让你买，你就说女儿是三分钟热情，不让买，这次你怎么又肯买了？"

感 悟
ganwu

孩子是最不能被欺骗的！因为父母就是孩子们的榜样，很难想象，不讲诚信的父母会培养出优秀的孩子。

"因为我答应了她啊!"

"我还以为你只是哄哄她呢!"

"当然不是。难道你不知道小孩子是最不能被欺骗的？要是有一次她受了骗，她以后再也不会相信你了。"

钟太太听了就再也不埋怨了。后来钟先生的孩子一个个都上了名牌大学，为人谦恭有礼，正直诚实，这正是钟先生教育的结果。

感悟
gǎnwu

面对阴险狡猾的老板，富兰克林即使知道对方是想利用自己，也依然严格要求自己，兢兢业业地尽力做好自己的本职工作。守住这份诚信，必将让你受到更多优秀人士的欢迎。

讲诚信的富兰克林

富兰克林是美国著名的科学家，同时还是一个著名的社会活动家。他曾经参与起草了美国的《独立宣言》，为美国的独立自由作出了巨大贡献。

富兰克林出身于一个工匠家庭，由于家里孩子多，父母很难维持家里的生活。12岁的小富兰克林看到父母整天为了生计发愁，就想为家里做些什么。

后来，他的哥哥在城里办了一家报社，他就到哥哥那里当学徒，在印刷所里学习排版。不久后，他便离开了那里。

他流落到费城，有一个叫凯谋的人让富兰克林帮其管理印刷铺子，许诺可以给他很高的薪金。凯谋在当地的名声很坏，所有人都知道他是个阴险狡猾的小人。但是富兰克林暂时找不到别的工作，就答应了。当时富兰克林已经是一个熟练工人，而凯谋雇佣的其他工人都是对印刷、排版、装订不怎么了解的人。凯谋付给这些人的工资非常低。聪明的富兰克林看到这种情况，就猜到凯谋是想让他把这些廉价雇佣来的工人练成熟练工人，然后再把他赶走。

尽管富兰克林已经猜到凯谋的心思，可是心想，既然答应接受这份工作，就应该尽力做好，要对自己的工作认真负责，不能因为老板不好，就影响自己对工作的认真态度。于是，他

就每天教这些工人一些技术，甚至把自己发明出来的制作字模的方法也传授给了这些人。

凯谋最初对富兰克林还很客气，几个月后，他发现自己廉价雇佣来的工人已经基本掌握了排版印刷技术，于是开始无缘无故地找富兰克林的麻烦，无端地克扣他的工资，千方百计地想把他赶走。

富兰克林毫不畏惧地对凯谋说："你放心，我做人向来讲诚信，不会因为你的卑鄙就传播给工人们错误的技术，将来你解雇他们的时候，他们凭错自己的手艺也可以很容易地找到工作。"说完，富兰克林就收拾行李离开了铺子。

白帝城托孤

三国时期的蜀国君主刘备，以前只是一个小小的安喜尉。但是后来，他不但有关羽、张飞为左右手，更有诸葛亮为其出谋划策，并最终"三分天下有其一"，这与他好施仁义、知人善任、用人不疑的性格是分不开的。

在刘备攻打东吴失败之后，他退回白帝城，忧愤交加，不久就病危了。在临死之前，他召诸葛亮进宫。刘备请诸葛亮坐于龙榻之侧，抚其背说："朕自得丞相，幸成帝业；怎奈智识浅陋，不纳丞相之言，自取其败。悔恨成疾，死在旦夕。嗣子孱弱，不得不以大事相托。"说完，泪流满面。诸葛亮也涕泣道："愿陛下善保龙体。"刘备叹了口气，就传旨召诸臣入殿，取纸笔写了遗诏，递与诸葛亮而叹说："朕不读书，粗知大略。圣人云：'鸟之将死，其鸣也哀；人之将死，其言也善。'朕本待与卿等同灭曹贼，共扶汉室；不幸中道而别。朕有心腹之言要与你说！"诸葛亮说："有何圣谕？"刘备泣说："君的才能强过曹丕十倍，一定能安邦定国，成就大业。如果嗣子可以辅佐，你就好好地辅佐他；如果不能，君可取而代之，自为成都

感悟
gǎnwù

将王位让给大臣，体现了一个君王对大臣最大的信任，正是这样的信任，让诸葛亮鞠躬尽瘁，死而后已。

149

之主。"诸葛亮听毕,汗流遍体,手足失措,泣拜于地说:"臣一定尽心尽力,死而后已!"说完,叩头至流血。刘备又请诸葛亮坐于榻上,唤儿子鲁王刘永、梁王刘理近前,吩咐说:"你等要记住:朕亡之后,你们兄弟三人,都要以父事丞相,不可怠慢。"说完命二王同拜诸葛亮。

诸葛亮见刘备如此信任他,哭着说:"臣虽肝脑涂地,也不能报答陛下的知遇之恩!"后来诸葛亮果然尽心辅佐后主,鞠躬尽瘁,死而后已。

司马光卖马

感悟
ganwu

历史是一面镜子。司马光在贫穷时期,仍然坚守着诚实守信的做人准则,我们何不以司马光为镜子照一照自己,是否真正做到"以诚实守信为荣,以见利忘义为耻"了呢?

司马光是我国北宋时期著名的史学家,在他身上曾经发生过一件有关卖马的故事,在历史上传为佳话。

司马光年老的时候,日子过得比较紧。有一天,家里急需钱用,他就叫人把自己曾经骑过的一匹高头大马牵到集市去卖掉,一位老者欲买,但嫌价钱贵了。管家说:"实不相瞒,这是我家司马大人的坐骑,只因现在家里生计艰难,才不得不让我来卖。不然的话,即使出再高的价钱也不会卖的。"老者听后诚恳地说:"有幸能买到司马大人的好马,那就货不二价吧,我明日如数带钱来牵马。"

管家回府后,兴奋地将情况报告了司马光。司马光感慨道:"这马跟我多年了,真有点舍不得……哎,这马有毛病,一到夏天就要犯病,你可老老实实地告诉了人家?"管家说:"我知道这马有病,但它膘肥体壮毛色好,谁看得出有病,如说有病怎能卖到好价钱?"司马光认真地说:"不能这样!你明天一定对买主说清楚,并重新议价。"

第二天,管家如实向买马人说明此马有病,并一再说司马大人特意关照不能让买主吃亏上当。集市上知道此事的人都称颂司马光为人诚实。

皇帝的一面镜子

魏徵是唐太宗李世民最为器重的大臣之一，而他最为唐太宗所器重的品质是诚直。

在李世民还是秦王的时候，魏徵在太子李建成的府上任职。当时唐高祖的几个儿子为了皇位争得十分厉害。世民有雄才大略，屡建战功，深得父皇的器重。太子建成是个无能之辈，他十分嫉妒世民的功绩，与弟弟齐王元吉合谋对付秦王。只是他们只会使一些阴谋诡计，当然没有那么容易得逞。

魏徵当然是站在太子这一边。他看到秦王功勋日高，心里很是着急。他时常劝谏太子，让他及早建立功勋。可是太子贪图享受，又怕死，没有采纳他的意见。

后来三位皇子的争斗日益激烈，终于酿成了血腥的玄武门兵变。在这次兵变中，谋士将领众多的秦王胜利了，而太子建成和齐王元吉则被杀死。唐高祖不得不传位给秦王。

李世民继位后，有人告诉他，说魏徵当日如何如何。李世民很生气，对魏徵说："你为什么要离间我们兄弟之情？"

魏徵面无惧色，挺直腰板道："我只恨太子当日没有采纳我的意见，否则怎么会有今日的杀身之祸。"

李世民听了，觉得魏徵诚实直爽，敢作敢当，非但没杀他，还让他在朝中做了大官。而魏徵也终于成为了一代名臣，以敢于直谏犯上著称。他死之后，唐太宗非常悲痛，因为他觉得自己失去了一面镜子。

感悟 ganwu

魏徵之所以能被称为皇帝的一面镜子，是因为他怀着一颗忧国忧民的心，能够不顾自己的安危说出真话。这样一个诚实正直的官员，远比一个虚伪奸诈的官员更能得到皇帝的欣赏和尊重。

"就这一件大事"

苏格拉底是古希腊著名的哲学家。他十分注重自己的品行修养，在日常交往中严格要求自己，力求做到美玉无瑕。他给

苏格拉底在英勇赴死之前，心中唯一牵挂的却是欠下别人的一只鸡，这只鸡非但没有显示出大哲学家的小家子气，反而折射出了他身上真诚守信的美德。

人类留下的精神财富十分丰富，其中除了深刻的哲学思想之外，还包括真心处事、诚以待人的美德。

有名的伯罗奔尼撒战争结束之后，苏格拉底不幸被雅典奴隶主民主派政府逮捕入狱，并被宣判了死刑。临刑前，看守监狱的士兵问苏格拉底还有什么话要交代。苏格拉底想了想，说："我还欠邻居家一只鸡，那是几年前借人家的。当时由于手头紧，没有及时付钱给他们，后来就一直拖了下来。请您转告我家里的人，让他们务必代我偿还。"

士兵没有想到苏格拉底临死前的遗言竟是如此一件小事。于是，又问他："你还有别的大事没有？"

苏格拉底说："没有了，就这一件大事，它关系到我的为人。"

听了苏格拉底的遗言，守监狱的士兵忍不住掉下了眼泪。这件事同时也作为一段反映苏格拉底真诚美德的佳话流传了下来。

季札挂剑

周代的季札，是吴国国君的儿子。有一次，季札出使晋国时经过徐国，于是去拜会徐国国君。徐国国君早就对季札的贤名有所耳闻，如今得知他特意前来拜访，心中特别高兴，急忙下令设宴盛情款待。

席中，二人相谈甚欢。突然，徐国国君被季札腰间佩戴的一把精美的宝剑深深地吸引住。季札的这柄剑铸造得很有气魄，几颗宝石镶嵌其中，典雅而又不失庄重。徐国国君虽然心里非常喜欢，却又不便启齿。聪明的季札一眼便看透了徐国国君的心思，便欲将宝剑赠与对方。但他忽然想到，佩戴宝剑出使别国，是对别国的一种尊重，更是一种礼节，而现在自己出使的任务尚未完成，不便立即相赠，便在内心暗暗许诺：等我

办完事情之后，一定要回来将这把佩剑送给徐国国君。

怎料世事无常，等到季札出使返回的时候，徐国国君已经过世了。季札来到徐国国君的墓旁，内心有说不出的悲痛与感伤。他望着苍凉的天空，把那把宝剑挂在了墓前的柳树上，心中默默地祝祷："您虽然已经走了，我内心那曾有的许诺却仍在。希望您的在天之灵，在向这棵树遥遥而望之时，还会记得我佩着这把宝剑，向您道别的时候。"他默默地对着墓碑躬身而拜，然后返身离去。

季札的随从非常疑惑地问他："徐国国君已经过世了，您将这把剑悬在这里，又有什么用呢？"季札说："虽然他已经走了，但我的内心对他曾经有过承诺。徐国国君非常喜欢这把剑，我心里想，回来之后，一定要将剑送给他。君子讲求的是诚信与道义，怎么能够因为他的过世，而背弃为人所应有的信与义，违弃原本的初衷呢？"

感悟
ganwu

季札对于已故之人不失其承诺，对于不曾言说的诺言也铭记在心，对于徐国国君并不知晓的承诺默默地兑现，这种崇高的境界实在令人感动。

尴尬的会面

古时候，有一个名叫玉戙生的人和一个名叫三乌丛臣的人相友善。有一天，他们谈论起当今的势利风气，颇为不屑。玉戙生说："我们都应洁身自好，自尊自爱。如果他日入朝为政，一步也不能踏入权贵之门。"

三乌丛臣听了，说："这种势利小人我平日最讨厌了。我们不如就在这儿立个誓。"

玉戙生高兴地同意了。于是他们煞有介事地准备了两碗清水，歃血为誓："皇天在上，今日我玉戙生、三乌丛臣，二人同心，发誓今生不追逐名利，不攀附权贵，保持自己做人的节操。如果他日有违此盟，神灵惩之！"

过了没多久，他们两人都到朝廷当官去了。在上任之前，玉戙生又叮嘱三乌丛臣，让他一定不能为权贵折腰。三乌丛臣

感悟
ganwu

世上许多不讲诚信的人都是为一时的利益所迷惑。所以说，功利才是诚信最大的敌人。

满口答应，说："誓言还犹在耳边，我又岂能忘了？"玉戫生听了，放心地做官去了。

当时，朝廷最得国君欢心、最有权势的人是赵宣子，百官们一个个争先恐后地去巴结他。起初三乌丛臣还想到当日的誓言，忍着没有去拜访赵宣子。可是后来看到百官都去了，就自己没去，心里有些害怕，于是决定随波逐流，顺应形势。可是他又怕被玉戫生耻笑，就找个没人的时间到赵府等候。

第二天，鸡才叫了一遍，三乌丛臣就摸黑跑到赵府。他进了门，发现已经有人比他更早来到了。三乌丛臣很奇怪，就举着火把走过去看。这一看不要紧，一看吓一跳。此君不是别人，正是和自己歃血为盟，再三叮嘱自己不能攀附权贵的玉戫生！两人都是一愣，然后羞惭满面，灰溜溜地离开了。

金 斧 子

从前，一个村里有个诚实的小男孩。因为家里很穷，他小小年纪就要上山打柴。有一天，小男孩很早就起床了，然后带着家里那把斧子出发了。在经过一座小桥的时候，小男孩看到桥下的水里有几尾鱼在快乐地游来游去，不禁想到：如果有一天，我也能像鱼一样无忧无虑，那就好了。正想着，水里金光一闪，跃起了一条金色的小鱼。小男孩看呆了，不知不觉，手里拎的那把斧子就掉了下去。

小男孩绝望地哭了。正在这时，水面上突然浮起了一个20来岁的小伙子。只见他长得俊眼修眉，风度翩翩，简直就像神仙一样。他对小男孩说自己是这里的河神，如果有什么困难可以告诉他。小男孩听了很高兴，就把刚才的事情告诉他。河神听了，二话没说就钻进了水里。不一会儿，他捞起一把银斧子，问是不是小男孩的。小男孩很惊讶，可是诚实的本性让他回答了"不是"。河神皱了皱眉头，又钻进了水里，然后捞起了一把金斧子，问是不是他的。小男孩仍然摇头说不是。河神不高兴了，他说："这也不是，那也不是，难道你的斧子是金刚钻做成的？"小男孩连忙说："河神哥哥，不是这样的！那两把真的不是我的。我的斧子没那么好，只是一把铁斧子而已。"

河神听后笑了，他对小男孩说："真是个诚实的孩子，这样吧，我用这把金斧子换你那把铁斧子，你觉得怎么样？"

于是小男孩没有上山打柴，而是高高兴兴地回家了。

回到家，父母见他又回来了，很奇怪。当听说小男孩用铁斧子换了把金斧子的时候，都高兴得跳起来。他们准备把这把金斧子拿去卖钱，然后盖栋像样的房子，添置几件过冬的衣服。

集市上有个商人看到了这把金斧子，爱不释手，然后就问怎么来的。于是诚实的小男孩又原原本本地把事情的经过说了一遍。商人听了，暗暗吃惊。于是他到一个樵夫那儿买了把铁斧子，把它扔在小男孩失手跌落斧子的河里，然后装作很伤心地哭了起来。

果然，河神又出现了。他问商人哭什么。商人就说他的斧子掉进水里了。河神就到水里给他捞了把银斧子，问是不是他的。商人说不是。于是河神又捞了把金斧子。贪心的商人还是说不是。河神就问他斧子是不是金刚钻的。商人连忙点头称是。河神就说："那我再找找看。你在上面等着。"然后河神就钻入了水里，过了很久都没有上来。

商人在上面眼巴巴地等着。直到太阳下山，他才知道河神是故意惩罚他。

不管在什么时候都要信守诺言

有一年，战火蔓延到了江南。兵士所到之处，血流成河。无奈之下，江南的百姓纷纷收拾行李，准备到太平一点的地方

感悟
ganwu

人们总是厚待诚实而不贪心的人，至于那些为了利益而不惜说谎的人，迟早会遭到人们的唾弃。

去躲避。

其中有户船家也准备离开这里，到别的地方去谋生。可是很多百姓都对他说要用船，于是船家决定在离开的时候捎上一部分百姓。

到了走的那一天，订好船的百姓们带齐了行李，早早地跑到船上了。就在解缆离岸出发的时候，远处跑来一个小伙子。只见他背着一个大包袱，气喘吁吁地喊道："船家，等等我！等等我！"

船家停了下来，对小伙子说："我的船都满了，我看你还是坐别的船吧。"

其他乘客也都要他坐别的船。可是小伙子却说："求求你们帮个忙吧！我家里的老母亲催着我赶快回去。如果我现在不走，她会担心死的。"

船家听了，觉得这小伙子挺孝顺的，就答应带上他了。

没想到船行了一半路，就有一伙士兵乘着船追过来。他们挥舞着刀枪，在后面叫嚷着："停下，快停下！"

船上的人们惊慌不已。他们拼命地催促船家快些，再快些。可是船上人太多，船根本走不快。这时有人就提议让那个后上的小伙子下去，说这样能减轻船的重量。船家听了，就说："这样不是等于送他去死吗？再说我既然答应了他上船，就应该遵循约定，否则不是成了不讲诚信的人了吗？"

众人眼看那帮士兵越来越近，急得直说："现在还管什么诚信不诚信，命都快没了。"说着就催促那个小伙子下船。

船家赶紧制止了，他说："你们要是坚持把人家推下去，我就不开船了。"

众人一听，就不说话了。

那个小伙子很感激，他对众人说："大伙别着急，我倒有个好主意。我们每人伸出自己的一只手当桨，朝着一个方向使劲划。这样船一定能开得快些。"

感悟
ganwu

坚守诺言其实并不难，难的是无论在什么时候——安全时刻还是危急时刻，都能坚守诺言。

众人觉得是个好主意，于是纷纷把手伸进水里，朝着一个方向使劲划了起来。只见船如箭飞，一下子就把后面那条船甩掉了。

众人得救以后，都庆幸刚才没有把小伙子推下河去。他们问小伙子是怎样想到这个办法的。

小伙子回答道："其实我早在家乡的时候就和同伴们玩过这种游戏。可是最开始的时候太着急，觉得马上就要被推下水去，所以一时就忘了。后来，船家坚持要把我留下。我心中安定了，也很想报答船家，所以一下子就想到了这个办法。"

众人听了，对船家是又佩服又惭愧。

丢失的两枚金币

有一天，一个小男孩在街上弹珠子。突然他在草丛里发现了一个袋子，打开一看，里面是两个金光闪闪的东西，原来是两枚金币。小男孩高兴得跳了起来。他家里很穷，已经几天没吃一顿饱饭了。

小男孩把装金币的袋子扔掉，然后蹦蹦跳跳地把这两枚金币带回家里，交给正在帮别人洗衣服的妈妈。他说："妈妈，我今天在草地上捡到两枚金币。"

"是吗？孩子，那你打算怎么花？"诚实善良的妈妈当然不会想要这两枚金币，她只不过是想引导一下孩子。

"我想买两个面包，你一个我一个；再买几个珠子，我可以在路上玩。嗯，其他的我没想好。妈妈，你觉得怎么样？"小男孩高兴地说。

"原来这两枚金币可以买那么多东西，说不定它们原来的主人也计划要买那么多的东西。我想主人丢了它们，现在一定很着急！你说是不是啊？"

"就是。"小男孩附和道。

"那我们还给他好不好?"

"好,就是不知道是谁丢的。"

"那没关系,你回到捡到金币的地方等着。我想金币主人一定会去找的。"

小男孩听话地答应了。他又带着这两枚金币回到了原地。

这时他发现那里站着好多人,其中有一个中年男子在那唉声叹气,说自己今天早上丢了一袋金币。他想金币一定是落在附近,可是现在怎么找也找不着了。

大伙听了,都很同情。当中有一个老先生,是这里的学校校长。他德高望重,是这一带的名人。只听到他对大伙说:"这位先生丢了一袋金币,我们不如帮他找找吧。"

大伙都点头称是,于是他们就分头在这块草地上找了起来。

小男孩想,今天早上我捡的金币可能就是这位男子的。于是他跑过去对那名自称丢了金币的男子说:"今天我在这儿捡到了两枚金币,不知道是不是你的?"

说着就张开手,露出两个闪闪的金币。

那名男子一看,两眼露出了光彩,"就是我的!我找了它们好久啊!"

旁人纷纷围了上来,说:"找到啦,太好了。你真是个乖孩子,应该得到一点奖励才对。"

那人听了,以为大家是要自己赏些钱给小男孩。其实大家只不过是说小男孩的家里应该给孩子点奖励。这名男子小气得要命,根本一个子儿都不想给,于是他想了个好主意。只听到他大叫一声:"哎呀,我那袋子里明明有三枚金币,怎么现在只有两枚了呢?"他说完洋洋得意,心想这下你们就不好意思让我给钱了吧。

众人听了这话,都把目光投向小男孩,小男孩害怕地说:"我就捡到了两枚,真的。"

"不是吧？你一定还捡了一枚，藏起来了。快交出来吧！"这名男子气势汹汹。

"我真的只捡了两枚。"小男孩"哇"的一声哭了起来。

"抵赖是没有用的，快说，那一枚金币在哪里？"这名男子一副不依不饶的样子。

"早知道你这样，我就不听妈妈的话把金币还给你了。"小男孩气极地说。

这时那名老校长说："孩子，你先别哭，告诉我，是你妈妈让你来还金币的吗？"

小男孩点了点头。

然后大伙叫来了小男孩的妈妈。她把事情的经过重新说了一遍，然后对众人说："我的儿子是不会撒谎的，他真的只捡了两枚金币，请相信我。"

"我当然相信你。"老校长说，"上次我的衣服在你那儿洗，里面放着两枚金币。结果你马上就还给我了。"然后他对众人说："像她这样连两枚金币都不贪的人怎么会贪一枚金币呢？"

众人都点头称是。那名男子还想争辩。老校长对他说："他们真的只捡到两枚金币，我可以以自己的名誉保证。"

"可是我真的是丢了三枚金币哪！"

"我当然也相信你。所以很明显，你的三枚金币一定是丢到别处去了，这两枚金币不是你的。"

那人再也说不出什么话来了，又没法要回自己的两枚金币，只好灰溜溜地走了。众人也都明白了事情的原委，都赞同把这两枚金币给小男孩。可是他的妈妈说什么也不收，她说："这金币本来就不是我们的。再说我们既然还回来了，就不会再拿回去的。"

众人没办法，就把这钱捐给了学校。从此来请小男孩的妈妈洗衣服的人越来越多，最后她开了个洗衣店。人人都说那儿以诚信第一。

如果小男孩的妈妈在上次洗衣服的时候，不把老校长的金币还回去，她的信誉就不可能建立起来，那么她为儿子辩解的话也就不会有人相信。所以，只要一直坚持以诚信为原则，积累诚信，总有一天会得到人们的信任和支持。

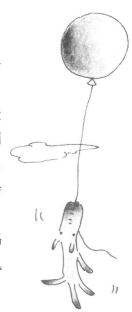

信用无价

感悟
gǎnwù

正如王员外说的，信用比一切的宝物都珍贵。而事实也确实如此，王家虽然失去了一件宝物，可是得到的价值却远远超过了宝物本身。

从前有个王员外，他家有个公子，年轻气盛，不太管理家事，不过本质倒不坏。他们家是当地有名的富家，有着吃不完的粮食和穿不完的衣服，但最让外人羡慕的是他们家有个传家的无价之宝。

这个传家之宝是一座一丈多高的玉雕，是很久以前，祖上当大官的时候请当时的名匠雕刻而成。这座玉雕刻的是一幅山水，精雕细刻，里面的飞鸟栩栩如生。这座玉雕摆在家里的后厅，轻易不会示人。但是只要见过的人没有一个不赞叹不已的。

王公子转眼18岁了，可是他还是这么贪玩。他的母亲很着急，常常劝他帮着做点正事，可是他嘴上说好，过了一会儿马上又忘记了。倒是王员外比较大度，他劝夫人说："孩子现在正是玩心大发的时候，等到他经历了更多，或是受到了什么刺激，才有可能长大的。夫人不要着急。"

有一天，王公子带着几个仆人走在街上。这时上来一个人，说要请王公子喝酒。这人不是别人，正是当地新来县令的大公子，姓张。他与王公子只有过一面之交，这次他请王公子，其实是冲着王家的玉雕而来的。

王公子听说有酒喝，又是县令的大公子请，当然很高兴地答应了。于是他们来到酒楼，喝了个痛快。在席间，张公子不停地向王公子劝酒，等到王公子有些醉意的时候，张公子提议来玩骰子。王公子平日也玩，所以很痛快地答应了。他们开始以10两银子为赌注。一连玩了好几盘，都是王公子赢。王公子高兴极了。后来他们的赌注连续加到了100两、200两，最后张公子装作很伤心地说："王公子，没想到你这么会玩，我现在输得是精光精光了。不如这样，我们玩一个大的。"

"大的？多大都行！"被酒和胜利冲昏头脑的王公子连连

点头。

"我赌我家的房子，你赌你家的玉雕，怎么样？"

王公子听到玉雕，酒开始有点醒了。见他犹豫，张公子就激他说："王公子，你是不是害怕不敢赌呀！"

王公子心想，前面我都赢了，这把应该也没问题，于是就答应了。

结果可想而知，王公子输了。张公子让他两天之内把玉雕送来。

王公子沮丧地回到家，羞愧得不知该怎么和父母说。倒是仆人们告诉了王员外夫妇，他们自然是气得浑身发抖，可是又不能不管。王员外说："既然这样，我们明天就把玉雕送到张家。"

"那怎么行？"王夫人说，"这可是王家的传家之宝。那个张公子，肯定是故意设下陷阱诱孩儿上钩，真是个阴险的小人！"

王公子坐在那儿，非常后悔。正在一筹莫展之际，王公子突然灵机一动，他说："张公子从来没有见过我们家的玉雕，不如把前几年新刻的那座玉雕送给他。"

"对啊！那尊玉雕虽然没那么精致，可是也还过得去，大小也差不多，谅他们也看不出来。"王夫人高兴地附和道。

谁知王员外一口否决了这个提议，他说："你们都把玉雕看做最重要的东西，可是却忘了信用比一切的财宝都珍贵。张公子虽然不对，可是要怪也只能怪儿子自己糊涂。现在错误既然已经犯下，承诺既然已经作出，就应当信守诺言，把真正的玉雕送到张家。"

王公子和王夫人听了这番话，都低下了头。

第二天，他们把这尊玉雕用好几辆马车装着运到了张家。从此之后，王家再也没有什么值得特别炫耀的无价之宝了，不过王家一诺千金的名声也传了出去。周围的人们对王员外更加敬重，对王公子也改变了看法。而且，王公子经过了这次教

训，再也不游手好闲、不务正业了。他开始正经地读书，准备考取功名。王员外高兴地说："王家虽然失去了一座珍贵的玉雕，可是得到的却远远超过了宝物本身。这就是诚信和一个勤奋好学的好儿子。这可是比任何宝物都要珍贵啊！"

受骗的商人

一个商人正在教育给他帮工的侄子。只听到他得意地嚷道："孩子啊，你刚才是上哪儿去啦？难道没看到我又做了笔生意吗？"

"我看到了，叔叔。"孩子说。

"你看到了，那太好了！那块布料放在这儿已经很多年了，一直没有人问津。可是刚才我已经把它脱手了。你猜我怎么对他说的？"商人得意洋洋地说道，"我说这是从很远很远的英国带来的上等布料。"

"可是这布料那么旧，他怎么会相信的？"孩子好奇地问。

"这很简单。我只对他说：'这块布料在英国是专门给贵族用来做衣服的，而贵族穿的都是些沉稳的颜色，看，这布料多古朴啊！'结果他就相信了。天，这人可真是个白痴！你看，就这短短的一会儿工夫，我就赚进了100块！"商人说着就扬起了那张刚刚赚来的钞票。

孩子看着钞票，突然瞪大了眼睛。

"孩子，你要是能有我的一半精明，就不会这么久还没有卖出去一块布料。"

"可是，叔叔，"孩子直觉得喉咙痒痒的，心里有话不吐不快，"难道你没发现吗？这张钞票是假的！"

感悟
ganwu

一心想着用花招来欺骗别人的人，总有一天，会落在比他骗术更高明的人手上。

千里之约

　　从前，有个叫范巨卿的人，他在太学读书的时候认识了一个同学，叫张元伯。两人关系非常要好。后来两人学成回家，分别时依依不舍。范巨卿见到朋友那么伤感，就说："离别时何必这么伤感，我们又不是不能相见了。"

　　张元伯说："你家在山西，与我家距离遥远，恐怕再见不是那么容易了。这叫我如何不伤感?"

　　范巨卿笑着说："相见又有何难! 两年后的今天，我必将拜访你家。"

　　"真的?"张元伯惊喜地问道。

　　"一言既出，驷马难追。"范巨卿拍着胸脯说。

　　岁月如梭，不知不觉就快到他们相约的那一天了。张元伯提前告诉母亲，说朋友范巨卿将要来访，要好好地准备一下。他母亲说："你们分别已经两年了，加上两人相距千里，你怎么这么肯定他一定会来呢?"

　　张元伯回答说："巨卿是一个信守诺言的人，我相信他一定会来的。"

　　他母亲说："既然这样，我一定会好好为他准备的。"

　　到了那一天，家里杀鸡宰羊，一切都已经准备齐全，就等客人来了。张元伯呢? 他从早上开始，就一直坐在家门口等候，可是到了中午范巨卿还是没来。张元伯的母亲就对儿子说："元伯啊，我看你的那位朋友是不会来了，你不如进屋歇歇吧!"

张元伯说:"我想他现在一定是在路上,他不熟悉路,我还是待在这里,免得他走过头去。"

母亲见儿子如此坚决,也就叹口气进屋了。

到了晚上,月亮都挂上了树梢,可是还是没有看见范巨卿的人影。张元伯的母亲又去催儿子进来。张元伯说:"我知道他一定会来的,只是担心他迷路,或是在路上出了什么意外。如果真是这样的话,我的罪过真是大了。"

他母亲还想说什么,忽然,张元伯眼睛一亮,说:"他来了!"母亲顺着方向望去,果然有一个模模糊糊的人影正在向他们跑来。张元伯欢喜地迎上去,两位久别的朋友紧紧地拥抱在一起。

寒暄之后,张元伯才发现范巨卿面容疲倦,全身的衣服都沾满了灰。他说:"在路上你一定累坏了吧?我真不该让你这么远地赶来。"

范巨卿豪爽地大笑,他说:"走点路算什么?要不是我昨天迷了路,今天早就到了。"

于是他们高高兴兴地回到屋里,好好庆祝了一番。

范巨卿讲求诚信的美名由此传扬了出去。

第6章

理解万岁

人，是最复杂的动物。

但只要有了理解，再远的距离也能飞越，再冷漠的心灵也能融化。

理解就是这样的神奇。

它能架起一座桥梁，将一颗颗孤独的心紧紧地连在一起。

它能吹走满天的乌云，好似一阵清风，带来晴空万里。

它能攻破最为坚固的堡垒，像是一把钥匙，柔韧无骨，轻触那个最为隐蔽，却又最为脆弱的角落。

所以朋友们，请高呼"理解万岁"！

合力推倒那道冰冷的心墙，

让温暖的阳光普照大地，

从此人间再无阻隔。

66 朵洛丝玛丽

感悟
gǎnwù

宽容别人是
一种拿得起放得
下的大度，是一
种与人为善的友
好心态；而宽容
自己是一种豁达
的情怀，是一种
冷静与理智的处
事态度。弥补错
误的最佳方式不
是对别人心怀怨
恨，也不是对自
己放任无度，而
是宽容别人、宽
容自己。

苏格兰少女艾美自小父母双亡，与弟弟瑞查相依为命。艾美16岁那年，她在纽约的姑妈邀请姐弟俩去美国度假，厄运就此开始：瑞查到纽约的第三天就遭遇了一次意外的劫持。

由于情报的错误，特警营救小组的负责警官霍尔在行动中忽略了另一间房里的匪首和瑞查，只解救了4名人质，导致无辜的瑞查命丧于劫匪枪下。传媒把矛头指向了霍尔警官，在一片责难声中，霍尔默默地帮艾美料理完瑞查的后事。

艾美返回英国那天，霍尔特意买了11朵玫瑰放在了瑞查的灵柩上。那是一种叫作洛丝玛丽的水红色玫瑰，在古老的苏格兰语里，洛丝玛丽的意思是"死的怀念"。霍尔艰难地跟艾美说了声"对不起"，这是他几天来跟艾美说的唯一一句话，他甚至不敢正视艾美的眼睛，因为他觉得自己对瑞查的死有不可推卸的责任。

从此，每年瑞查的忌日，艾美都会收到11朵寄自美国的洛丝玛丽，那是霍尔寄来的。他还会在附言条上特别叮嘱艾美一定要将花放到瑞查的墓前。

一晃6年过去了，艾美又一次前往纽约看望姑妈。回国前，她想起了内疚万分的霍尔警官，可当她来到警局，警局的人却告诉她：那次事件之后不久，霍尔就辞了职，他开始酗酒，人也变得日渐消沉，最终妻子也跟他离婚了。艾美听后，心中顿时生出一种寻找霍尔的冲动。

艾美花了将近两个月的时间，才在特伦顿的一个小镇上找到了霍尔。他独自居住在镇上小教堂的后院，阴暗的小屋里凌乱不堪，他倒在破旧的沙发上醉得不省人事。艾美简直不敢相信这个肮脏的醉鬼竟会是当年那个英俊能干的年轻警官。短短6年，他的变化太大了。

艾美走出小屋，不经意间，她发现院子里竟然种满了洛丝玛丽。教堂的神父告诉她，每年夏天，在这些玫瑰开放的季节，霍尔都会将花剪下来放在小镇墓地的墓碑前，好像那就是他的工作，只有那个时候他才是清醒的。艾美的心又一次被深深震撼了，她意识到自己必须做些什么。

很快夏天来了。艾美又来到了霍尔的小院子里，满院子的洛丝玛丽争相长出了花蕾。正在院子里整理洛丝玛丽的霍尔一抬头意外地看到了站在篱笆外的艾美，艾美已经是一个大姑娘了。

艾美走进院子，对霍尔说："谢谢你这 6 年来送给瑞查的 66 朵洛丝玛丽，它们真漂亮！"

霍尔还在自责："对不起，要不是我的失误……"

艾美打断了霍尔："事情不是你想的那样。"她拉着仍然处于悲痛之中的霍尔向院子外面走去。

霍尔很快就被艾美拉到了教堂外的小广场，那里正在举行一个热闹的庭院聚餐会。艾美带霍尔走进去，兴致勃勃地为他介绍那些陌生的客人："这位是哈德森先生，他是纽约的一个唱片发行商，有两个儿子在念中学，太太正怀着第 3 个孩子；这位是吉米，他刚从大学毕业，已经在一家证券公司做了 3 个月的经纪人；还有，那位是菲斯太太，曾经是个像小野猫一样顽皮的姑娘，可自从嫁给一个波士顿的律师之后就安分地做起了家庭主妇；还有那边跟女孩子们逗乐的是鲁比，他是个演员，下个月有出新戏要在百老汇上映。"

霍尔不解地扭头看看艾美，问："等等，他们与我有什么关系吗？"

艾美眨眨眼说："你不记得他们了吗？他们是当年你从匪徒枪口下救出的那 4 个人质啊！"

霍尔有些欣慰，但他抑郁的神情并没有因为这个欢乐的场面而开朗起来。他低声道："可是瑞查不在这里，我不能逃避

自己的那份责任。"

"是的，瑞查永远不会在这里了，但这不能成为一个人失去自信和消极生活的理由。"艾美握着霍尔的手温和地说，"你看，正是因为当年你果断的营救，他们才能活着，而且活得这么快乐。如果对死者的怀念会给生者的心灵笼罩阴影的话，那么，66朵洛丝玛丽将失去它们真正的价值。"

霍尔没有说话，他看着快乐的人群，热泪慢慢地涌出眼眶。艾美长长地舒了一口气，尽管霍尔穿着满是污渍的旧夹克，脸上也长满胡子，但他的眼睛已经恢复了往日的神采。

夏令营

不知不觉，又到了放暑假的时候了。为了丰富同学们的假日生活，学校组织了夏令营，计划到野外去进行生存训练。

齐老师是初一（3）班的班主任，这天他在班上宣布了这个好消息，然后让想去的同学尽快报名交钱。同学们一听可以到野外去，一个个乐得不行。他们在下面唧唧喳喳，说着夏令营的各种好玩的活动。

但只有一个同学不高兴，他叫苏磊，平时就沉默寡言。他从小长在农村，去年才来到城里读初中，一直寄居在姑姑家。苏磊家境不好，交不起夏令营的费用，而且这次暑假，他还得回家帮着干农活，所以听到周围的同学们兴致勃勃地谈论着野外的风景，心里就不自在。

正好他的同桌问他："你去夏令营吗？"

"不去！"他生硬地回答。

"为什么不去呀？"同桌追问。

"不去就不去！你可真烦人！"苏磊发火了。

同桌也火了，说："不去拉倒！你急什么急？"

这时一个胖乎乎的男生站起来说："我看他呀，是吃不着葡萄说葡萄酸。"

同学们一下子反应过来，都起哄道："对，就是，自己没钱去，就说别人！"

"嫉妒！"

"可恶！"

在同学们的攻击下，苏磊的脸红了白，白了红。他的双拳攥得紧紧的，如果再有人说下去，恐怕就要挨揍了。

幸好齐老师及时地制止了大家，他说："同学们，苏磊同学之所以不去夏令营，是因为他要回家看望父母，而且，他和我说过，暑假要好好攻读语文。"

同学们都愣住了，包括苏磊。

齐老师又说："大家知道，苏磊同学的数学成绩一直很优秀，可是语文相对差一些，所以，他想利用暑假回家的机会好好学习。我也同意了。夏令营虽然也是一个学习锻炼的好机会，但每个人的情况和想法不同，所以，大家不要再为难苏磊同学了。"

同学们都不说话了。

下课之后，苏磊对齐老师说："老师，对不起，我刚才不应该发火。"

齐老师笑了，说："没关系，我能理解。现在你跟我到办公室取书去，我那儿有几本比较适合你读的书，这次回家要是有时间就看看吧！"

"好的，谢谢齐老师。"然后两人就一前一后地走出了教室。

|感悟
gǎnwù

每个人都有一些不得已的苦衷，这个时候，只要你能多一些体谅和理解，就能避免让对方受到伤害。

朋友也有难处

有一个做生意的人，在事业刚起步的时候，向自己的一位好友借三万块钱。这位好友沉吟再三，借了两万给他。他

感悟
ganwu

永远不要想当然地认为别人应该对你怎样，因为你不是他，有些难处你并不知道。所以在遭受拒绝的时候，多设身处地为他想想，也想想自己在那种情况下会怎样做。只有这样，你才能真正地理解别人。

非常不高兴。他想：这位朋友家境不错，自己有栋大房子，妻子儿女都有工作，家里还有小汽车、电脑等各种现代化的设备，怎么着家里也有个几十万，现在竟然只借两万，太不够意思了。

于是他拼命地工作，想尽快地富起来，好快点还朋友的钱，然后与他一刀两断。过了两年，他真的富起来了，也有了大房子、小汽车。他第一时间去还了朋友的钱，还还了比银行高得多的利息。朋友把高出银行部分的利息还给他，说："我又不是高利贷，这钱本来是出于朋友义气借你的，所以这多出的利息你还是带走吧。"

他坚持不要，朋友又坚持不收。后来，他只好说："以后有需要，尽管来找我。"终于没有像计划的那样和朋友绝交，不过关系也没以前那样好了。

自从他有钱之后，向他借钱的朋友多了起来。刚开始的时候他挺爽快的，人家要借多少，自己就给多少。可是渐渐地，他觉得自己再这样下去真的不行了。他在盘算，自己的儿子还在念书，以后要上大学，找工作，还得给他买房子；父母年纪大了，得存点钱给他们养老；还有，自己的公司也需要资金周转，马上又要过年了，得给员工发奖金，那些催债的也该上门了……他这样想着，逐渐开始理解那位只借给他两万块钱的朋友了。

发　卡

贝蒂是个美丽的年轻姑娘，她非常喜欢发卡、头绳之类的小饰品，每次走在街上就忍不住想买。后来，她终于自己开了一家饰品店。由于她人热情，又懂得打扮，姑娘们都喜欢让她推荐饰品。

有一天，外面下着小雨，街上冷冷清清的。一整天都没有一个客人，贝蒂心里很是烦闷。在下午三点钟的时候，她觉得

今天可能不会有什么客人了，就准备打扫卫生，好提早关门。但就在她擦桌子的时候，进来一位小男孩。他大约只有七八岁，穿着一身脏兮兮的球衣，头发淋得湿漉漉的。贝蒂起初以为他是来避雨的，因为这里很少有男士光顾，更别说是个小男孩了。

她问小男孩："你需要什么帮助吗？"

小男孩看看她，半天才嗫嚅着嘴唇说："我想买一只发卡。"

贝蒂听了更奇怪了："那，那你想要什么样的发卡，自己看看吧。"

小男孩听了，好像受了鼓励，一下子跑到了橱窗前面，对着琳琅满目的发卡出神。

贝蒂一边耐心地等着，一边在心里想：他买发卡干什么呢？

那小男孩左看看，右看看，一直没找到他想要的。贝蒂走上前去，亲切地问："怎么，没你喜欢的吗？"

"不是。"小男孩不安地说，"只是露丝的不是这样。"

"露丝？"

"她是我姐姐，我想买只发卡给她。"

原来他是要买给姐姐的，只是为什么他要买和姐姐一模一样的发卡呢？

贝蒂从橱窗中挑出一个她最喜欢的，对小男孩说："你觉得这个怎么样？我想你姐姐看了一定会高兴。"

小男孩摇了摇头，说："她只喜欢她原来的那个。"

"那她原来的发卡呢？是不是丢了？"

小男孩听了，脸红到了脖子根。他说："那个发卡被我不小心摔坏了。"

贝蒂这时才恍然大悟，心底不禁涌起一阵热流。她从库房里取出一个包裹，对小男孩说："别担心，我里面还有一些发卡，你再找找。"

小男孩听了，原本失望的眼神变得闪亮闪亮的，他打开包裹，迫不及待地在里面寻找。贝蒂问了那只发卡的颜色，也帮着在里面寻找。

大概过了20多分钟，累得双腿麻木的贝蒂突然听到小男孩的一声尖叫："我找到了！我找到了！"

这是一只精巧的红色发卡，小男孩紧紧把它攥在手里，掩饰不住兴奋地问贝蒂："这只发卡要多少钱？"

"两美元。"贝蒂说，实际这只发卡至少要三美元。

小男孩听了，刚才还是兴奋的神情消失得无影无踪，他一手局促不安地摸摸口袋，一手死死地攥着发卡，没有说话。

贝蒂看了，开始后悔自己说得贵了。她轻声地问小男孩："孩子，你带了多少钱？"

小男孩把发卡放回柜台上，然后翻了翻身上的几个口袋，把一些零碎的硬币一股脑儿地放在了柜台上。贝蒂数了数，一共是38美分。

贝蒂说："唔，看来你有不少的钱。这只发卡正在打折，就38美分，怎么样？"

小男孩喜出望外，但仍有些不相信地问："真的吗？我真的可以买下这只发卡吗？"

"当然可以。你的姐姐见了一定不会怪你了。"贝蒂一面说一面把发卡包好，递给小男孩。

小男孩连忙接过，欢天喜地地走了。

贝蒂望着他天真的背影，心里感到无比的轻松。

感悟
ganwu

善良的愿望总是能得到理解，而善良的人总是能从帮助别人中获得快乐。

听懂你的心

在一家远近闻名的幼儿园里，有一位善解人意的园长。据说她能听懂每个孩子的心。

有一天，一个慕名而来的年轻母亲带着她的儿子——一个

不合群，在哪家幼儿园都待不长久的小男孩找到了这名园长。这名园长先和孩子握了握手，说："欢迎你来到这里！你真是个漂亮的小男孩！"

小男孩听到赞扬，脸上露出了微笑。

然后他就乖乖地跟着园长参观这所幼儿园。在路过一道围墙的时候，小男孩指着上面那些五颜六色、乱七八糟的图画说："这是谁涂的啊？"

"这可能是哪个淘气的孩子涂的，以后你可不能乱涂乱画。"小男孩的母亲赶紧说道。

可是那位园长呢？却低下头来微笑地说："这是专门给孩子们画画用的。只要你高兴，随时可以在上面画画。"

小男孩似乎对她的回答很满意，他没再纠缠这个问题，就径直朝前走了。

一会儿他们来到了一间教室，里面有十来个孩子正坐在地上堆积木。其中有一个小女孩堆得特别好，她的城堡马上就要完成了。

这时这个小男孩就说："天天玩，没意思！"其实他是嫉妒人家堆得好。

小男孩的妈妈便接口道："没意思就玩别的，又没人拦着你。"

这时园长摸摸小男孩的头，说："天天堆积木好像是没什么意思，你看，外面还有那么多的玩具，你想玩什么就玩什么。"说完就带着他走出这教室。

参观完后，妈妈问小男孩愿不愿留在这里，小男孩点了点头。这让他的妈妈大为惊讶，她对园长说："我真不敢相信！这可是他第一次表示愿意留在幼儿园。你到底是用了什么办法？"

园长笑着说："其实很简单，只要把自己当成他就行了。"

感悟
ganwu

不管是小孩还是大人，在不自信的时候，都会用一些看似隐晦的语言来表达自己的看法。如果不理解，就很容易像文中的妈妈一样直接回答，造成不利的结果。

可爱的玫瑰

苏太太是个漂亮、高傲的少妇，她住在一个著名的居住小区，有着一栋非常漂亮的二层小别墅。苏太太的丈夫是个生意人，常常不在家。苏太太寂寞无聊的时候就种花。她尤其喜欢玫瑰花，所以屋前屋后种满了各种名贵的玫瑰，有红玫瑰、黄玫瑰、白玫瑰，甚至还有非常名贵的黑玫瑰。只要玫瑰盛开的季节，风儿就能让香气飘到很远很远。

一天清晨，苏太太和往常一样到外面散步。周围很静，大部分的人还在睡梦之中，她只听到沙沙的扫地声。这里的小区管理一流，每天清洁工很早就把地打扫得干干净净。这时一个年轻的清洁工走过来向她问好。苏太太傲然地点点头，就径直走了。她没发现，那位清洁工还有话想对她说。

过了半小时，苏太太回来了。她远远地看见有两个人，一大一小，站在她家的栏杆外面。其中大的还把手伸进院子，在摘那刚刚盛开的玫瑰。

苏太太一眼就认出这正是刚才和她打招呼的那一个清洁工。她平日低眉顺眼的，看起来挺老实的，怎么有这么大的胆子偷偷采花？苏太太越想越气，她快步走过去，想好好地训斥一下她。

正在这时，清洁工转了过来，她没有发现苏太太，而是把刚采的玫瑰递给了站在她身后的小女孩。那个女孩看起来很瘦，好像风一吹就会倒似的。女孩接过玫瑰，小脸兴奋得发红。她时而低头闻闻花香，时而抬头看看清洁工，露出满意和幸福的微笑。

这纯洁的微笑把苏太太的心给征服了，她停下了刚才还怒气冲冲的脚步，站在远处，生怕打扰了她们。

"干什么干什么？"突然，一个粗暴的声音打破了这幅宁静

感悟
ganwu

小女孩的微笑是最纯洁的，它能给最寂寞的心灵带来阳光。母爱是最无私的，它让最冷漠的人也能产生共鸣。

的画面。只见一个全副武装的保安走了上来。他一手抓住清洁工的胳膊，一手要夺小女孩手中的玫瑰花。清洁工哀求他不要抢孩子的花，可是保安根本不理睬。小女孩只有把花紧紧地护在胸前。可是她的力量哪比得上高大的保安，一下子花就给抢了过去，她坐在地上，"哇"的一声哭了。

苏太太急忙跑过去，制止了那名粗暴的保安。这名保安见了苏太太，说："苏太太，您来得正好，我们看见她偷您的花。"

"不，她们不是偷花，是我让她采的。因为我答应过她要送花给这小女孩。"苏太太一面说，一面抱起哭泣的小女孩。

"原来是这样啊！对不起了。"保安把花还给小女孩之后就离开了。清洁工感激得不知如何是好。她说："谢谢你，苏太太。本来今早见到你我就想对你说的，可是又不知怎么说。唉，苏太太，真是对不起。"

苏太太摆摆手，说："没关系，下次想要花的时候直接对我说。"然后她把头转向小女孩，问："这是你女儿吗？我怎么从来没见过。"

"是的。她身体不太好，常年待在家里。有一天她偶然经过你家，看到这里的玫瑰，就高兴得不得了。我想她一年也见不了几次阳光，就……"清洁工哽咽了。

苏太太看着正在怀里玩弄着玫瑰花瓣的小女孩，心里升起了一种久违的悲悯情感。

新来的小护士

一天老马身体欠佳，医生检查之后，让他去做个抽血化验。老马这下着急了，赶忙跑到验血处。

验血处有两位护士，一位年长的，像是护士长；一位年轻的，像是刚来实习的。在年长护士的这边，排着一个长队；而年轻护士这边，只有一两个人。老马着急，就没多想，在人少这边排上了。

老马前面排着的是位穿戴时髦的女士。她苛刻的眼神一直盯着那位扎着两个小辫，稚气还未脱的小护士。过了一会儿，她对那位年长的护士说："能不能再找个护士给我扎针，我看这小姑娘拿针的手直哆嗦。"

小护士听了，脸刷地红了。她放下手中的活，默默地看了一眼护士长。

护士长正忙得不可开交，她对那女士说："今天病人多，护士人手不够，你能不能将就一下？她虽然年纪小，可是扎针也不是一两次了。"

"那您能给我扎针吗？"这位女士还是不放心。

"我啊？"护士长一边麻利地给人扎着针，一边说："可以啊，你到后面排队吧。"

那女士看了一下长长的队，犹豫了一下，终于还是下定决心排队去了。她边走还边自言自语："宁愿多花点时间，也不能给人当试验品。"

小护士几乎要哭了。护士长无奈地对她说："要不你去取点针头过来。"

小护士答应一声，正要走，老马叫住了她："小姑娘，我还等着你给我抽血呢。"

小护士愣了一下，她看看老马，脸又红了。她连连说对不起，说我还以为你也不扎了呢。说完就手忙脚乱地准备工具。也许是太紧张了，她在老马胳膊上扎皮管的时候，结总打不好。这下她更慌了，她低着头，脸直红到了耳根。

老马连忙安慰她："别着急，慢慢来。"

这句话仿佛是一剂灵丹妙药，小护士马上就不慌了。后来她做得很好，老马觉得一点都不疼。

老马把自己的感觉和小护士说了。小护士露出惊喜和感激

感悟
ganwu

当有人向你投来不信任的目光时，只要有个人能走过来对自己说："你能行！"你定会重拾信心！可是这样的理解和支持，并不是什么时候都有的啊！也唯其如此，它才是这么地让人难以忘记！

的微笑："真的吗？谢谢。"

"当然是真的。你做得很好。"老马故意大声地说，周围的人都看着他们。"再见，小姑娘。"说完老马就走了。

只听见小护士在后面说："别忘了取化验结果。"

不一会儿，老马过来取结果了。他发现小护士这边已经不再是冷冷清清的了。

小护士见到他，高兴地说："结果出来了，一切正常！"

过了几年，老马又来到这家医院，这次是陪老伴住院。在这期间，一位年轻的护士长对他们特别周到。一天他忍不住问起，这位护士长说道："您也许已经忘了，我就是当年那个扎着两个辫子，连拿针的手都哆嗦的小护士呀！"

发生在马约尔加岛的一件小事

弟弟是初出茅庐的画家，居住在西班牙的马约尔加岛。这是母亲到西班牙看望弟弟要返回家乡那天发生的事情。一大早，母亲和弟弟气喘吁吁地把两个大旅行箱从公寓的四楼搬下来，他们把旅行箱放在几乎无人通过的路边，坐在箱子上等出租车。马约尔加岛不是繁华的大都市，出租车不会经常往来，也无法通过电话叫车，只能在路边等着，谁也不知道出租车何时能来。

大约过了20分钟，从相反车道过来一辆出租车，弟弟立即起身招手，但他看到车内有乘客时就放下了手，出租车缓缓地驶去。然而，那辆车驶了30米左右就停住了，从车内走出来一位看起来颇有修养的老绅士。

"嗬，真幸运，那人在这里下车。"弟弟对这个偶然的机会感到很高兴，并迅速把旅行箱装进出租车的后备箱。坐进车后，弟弟告诉司机去机场，并说："我们真幸运，谢谢你。"司机耸了耸肩膀说："要谢，你们就谢那位老先生吧，他特意为

感悟
ganwu

在日常生活和学习中，人人都可能遇到麻烦事，要学会设身处地地为他人着想，体谅他人的难处。你体谅别人，别人也会体谅并由衷地感激你。

你们早下车的。"

弟弟和母亲不解其意，于是司机又解释道："那位老先生本想去更远的地方，但是看到你们后就说：'我在这里下车，让那两位乘客上车吧。这么早拿着旅行箱站在路边，一定是去机场乘飞机。如果是这样，肯定有时间限制。我反正没什么急事，我在这里下车，等下一辆出租车。'所以你们要谢就谢那位老先生吧。"

弟弟很吃惊，他恳请司机绕回去找那位老先生。当车经过老先生身边时，弟弟从车窗内大声向那位悠然地站在路边的老先生道谢。老人微笑着说："祝你们旅途愉快！"

感悟
ganwu

其实，只要等的人背过身去，只要吃的人比平时加快一点速度，相互理解，相互体谅，这样两者的心里都会变得很踏实。

冬天的暖流

有一天，两个姑娘在商场逛了半天，到晚上七点多才想起吃饭。她们平时最爱的就是火锅，于是两人就高高兴兴地来到了七层的美食广场。

一到冬天，北京的火锅就异常火爆。加上这天很不巧是周六，吃火锅的人多得不得了。没有一个空位不说，还有好多人坐在后面等着。她们俩只好也找了个地方等着。

她们要等的座位上是一对母子。母亲很年轻，一看就是个善良的人。可爱的是那个小男孩，虎头虎脑的，正呼哧呼哧地吃着热气腾腾的粉丝。

两位姑娘不禁笑了。这时那位年轻的母亲发现了她们。她说："你们稍微等一下，我们很快就会吃完了。"

"啊，没关系。你们慢慢吃，我们还不饿。"两位姑娘连忙推辞。同时意识到自己这样盯着人家吃很不礼貌，就赶紧转过身去了。

为了打发时间，她俩开始聊天。不知不觉中，就忘记了饥饿。

好像就是几分钟的时间，背后就传来了一个温柔的声音："姑娘，我们吃好了，你们坐吧！"

她们回头，发现这位母亲已经带着儿子站起来了。桌上的盘子里还剩着好些没来得及煮的青菜。很显然，他们吃得很匆忙。

"啊，这么快呀！真不好意思。"她们反倒不好意思了。

"没关系，我们正要赶时间。"这位善良的母亲大度地说，然后对正擦着嘴的儿子说，"小虎，跟阿姨说再见。"

小虎摆摆手，说了声："阿姨再见！"

"再见！"她们目送着母子俩的背影，感到一阵阵暖流袭来。

不得已的苦衷

在一场旷日持久的战争过后，这个国家一片饥荒。为了帮助受难中的人们，周围的友好国家纷纷伸出援手。一袋一袋的粮食从远方运来，如久旱的甘霖，救活了无数的人们。

可是在交通不便的 A 城，饥饿依然在威胁着人们。负责分配粮食的鲍勃先生心急如焚。这天早上，盼望多时的粮食终于运到了。鲍勃先生马上组织人员挨家挨户去送粮食。

鲍勃先生将事情交代完之后，首先朝路易斯太太的家走去。这户人家有四口人——寡妇路易斯太太和三个未成年的孩子。昨天鲍勃先生就听说他们家的孩子快饿得不行了。

路易斯太太住在一间简陋的茅屋里，还没走进院子，鲍勃先生听到里面传来隐隐的哭声。他进去一看，原来由于饥饿过度和营养不良，路易斯太太的小儿子已经不幸夭折了。路易斯太太哭得像个泪人，她见到鲍勃先生就说："你怎么才来啊？如果早一步，我的孩子就不会死了。"说完又大哭起来。

当别人犯了错误的时候，首先要想想他是不是有什么难言的苦衷。如果这种苦衷你能理解，那么你就一定要原谅他，然后和他好好地沟通，给他多一分理解和关怀，相信他也一定能体谅你的这番苦心。

鲍勃先生很难过，他看看路易斯太太的其他两个孩子，此时正无力地躺在床上，一动也不动。鲍勃先生解下粮食，打开空空如也的缸，将一些粮食倒了进去。

"鲍勃先生，你真是个好人。我现在饿得动不了，你能不能帮我到厨房里煮点东西给我的孩子们?"

鲍勃先生开始有些为难，因为他还要赶着去别的人家。但是见到路易斯太太哀求的眼神和两个可怜的孩子，他就不忍心拒绝。

不一会儿，午餐做好了。鲍勃先生告别路易斯太太之后，就背着剩下的半袋粮食离开了。可是刚走到门外，他就觉得这粮食轻了许多。起初他还以为是倒了半袋给路易斯太太的缘故，可是他越走越觉得不对劲。他仔细地看了看，发现原来剩下的半袋如今只有不到三分之一了。一定是路易斯太太趁他做饭的时候偷偷倒了。

可是他该怎么要回粮食呢? 路易斯太太刚刚死了孩子，她绝对有理由多要粮食。可是怎么办呢? 运来的粮食只有这么多，而需要帮助的人又是那么多。鲍勃先生很是为难。

后来想了想，鲍勃先生还是折回了路易斯太太家。两个孩子吃饱之后，已经到屋外玩去了。路易斯太太见到鲍勃先生，眼神中掠过一丝惊慌。她强笑着问: "你怎么又回来了?"

"我想来和你说说我的烦恼。"鲍勃先生说。

路易斯太太听了，心开始安定下来，说: "你有什么烦恼呢? 我能帮你吗?"

"现在战争刚刚过去，很多人家都没有粮食。好容易运来了这么些粮食，又远远不够。我是看在眼里，急在心里啊。"

这时路易斯太太脸红了，她坐在那儿，两只手不停地来回绞动。

"路易斯太太，我本来刚才想去比尔家。你知道，他爷爷

前几天也去世了，现在正缺少粮食。可是我看到我袋里的粮食只有那么点，怎么够他们一家五口人呢！路易斯太太，你说，这难道还不够我烦恼的吗？"

"是，这确实是太不幸了。"路易斯太太低着头，轻声地说，"可是，能有什么办法呢？我刚刚失去了一个孩子，我……"她哽咽着，说不下去了。鲍勃先生走过去，轻抚着她的背，说："对不起，我不该把我的烦恼告诉你，你已经够不幸的了。"

"不，不！"路易斯太太抬起头说，"该说对不起的是我，是我多拿了你的粮食。我不想再失去我的孩子！鲍勃先生，我太自私了。对不起，对不起！"

"不，路易斯太太，你没有错，错的是这该死的战争。你别哭了，像你这样的好人比尔家一定会感谢你的。"鲍勃先生不停地安慰她。

路易斯太太满怀感激地看着鲍勃先生，说："你真是太好了。这些粮食还给你，快给比尔家送去吧！他们一定饿坏了。"

"谢谢，路易斯太太。愿上帝保佑你！"鲍勃先生装好粮食，就吻别了路易斯太太，然后匆匆地朝比尔家走去。

银 行 卡

　　这一年，小剑考上了省城的一所重点大学。这在那个偏僻的小山村可是件天大的喜事。可是这事也愁坏了父母。家里能卖钱的都卖了，好容易才凑齐了他的学费。可是他的生活费又没了着落。

　　这时父母想到了省城的小剑的一位远房姑姑，也许找找她能借一点钱。自尊心很强的小剑说："我不去！我自己能挣

感悟
ganwu

小剑的姑姑对上门求助的亲戚无疑是同情和尊重的。而更重要的是，她用她的善解人意，小心翼翼地保护了小剑因为贫穷而过于自尊的心灵。这比任何的施舍都珍贵。

钱。"坐在门槛上吸烟的父亲呵斥了他一句："就你能？快去山上摘几个梨！明天还得赶路呢。"

坐了一夜的火车，小剑和父亲终于来到了省城。在学校安顿好之后，他们就提着一大袋梨和一篮子的鸡蛋敲开了姑姑家的大门。

姑姑是个慈祥和气的人。她热情地招待了他们，然后寒暄了一会儿，顺便夸了一下小剑。小剑顿时觉得没那么拘束了。

姑姑昨天知道他们要来。现在看这光景，对他们的来意也猜到了八九分。她坐在沙发上，等着他们开口。

不一会儿，小剑的父亲就吞吞吐吐地说了他们的来意。他说能不能每月借给小剑100元的生活费，等来年卖了猪就还。

在父亲说这话的时候，小剑的脸火辣辣的。他想姑姑一定会拒绝的。但令他意外的是，姑姑很爽快地答应了，还说可以多给小剑100元。"省城啊什么都贵，你还要长身体，要吃好点!"

小剑和父亲简直是喜出望外。小剑的父亲一阵千恩万谢，姑姑说这没什么，她相信小剑以后一定能还的。她还极力挽留他们在家吃饭，可是他们没好意思吃，就赶紧回学校了。

在送他们出门的时候，姑姑叮嘱小剑每月的五号到家里来取钱。

和大多数的穷孩子一样，小剑的自尊心特别强。尽管姑姑人很好，可是每次他去要钱的时候，总是心里觉得别扭。后来他在外找了份兼职，就干脆不去姑姑家了。

没想到有一天姑姑竟然来到学校找他。她取出一张崭新的银行卡，对小剑说："我把这个月的生活费存里面了，密码是我们家的电话号码。你只要拿它到银行或自动取款机上取就行了。还有啊，你学习别太累了，要注意多休息。"

小剑接过银行卡，默默无言。但是他脆弱的心里，却不由得感到了一阵阵的温暖。

别着急，有的是时间

小菁是小学五年级的学生。她一向成绩很好，唯有数学，她怎样也学不好。小菁最怕数学老师布置课堂作业，因为每次别的同学都做好了，自己还在那儿不停地算啊算。有时老师等不及的时候还会对她说："小菁，抓紧时间啊！同学们都做好了。"每当听到老师这样说的时候，小菁就会紧张得要命，常常连原本会做的也忘了。

过了一个学期，小菁班上又换了位新的数学老师。这是一位长头发，戴着金边眼镜的年轻姑娘。她不但人长得好看，说话也是柔声细语的。这让恐惧数学的小菁多少有了些安慰。

唯一的不足是，新老师和原来的老师一样喜欢布置课堂作业。有一次上课，她一口气出了三道题，而且都是很难的题目。她要求同学们下课之前交上来，还说只要做好就可以回去。

小菁一直咬着笔，苦思冥想，可是做了半天只做了一道题。眼看同学们一个个都走了，小菁急得眼泪都要流出来了，她可不想在这位可爱的新老师面前丢脸。正在这时，她耳边响起一个甜美温柔的声音："别着急，有的是时间。"小菁抬起头，发现老师正亲切地看着自己。她的心顿时一阵轻松，脑子也逐渐冷静下来，开始专心致志地做起题来。

就在她快做完最后一道题的时候，下课铃突然不合时宜地响了起来。小菁绝望地抬起头，发现教室里就剩下自己和老师。

理解是一剂灵丹妙药，它能医治人们内心的恐惧和自卑，并生出惊人的勇气和力量。

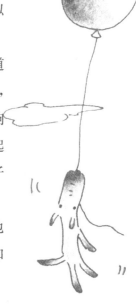

她沮丧地对老师说："对不起，老师，我还没有做完。"

"没关系，你慢慢做。我不是说了，有的是时间吗？"

"可是已经下课了。"小菁伤心地说。

"那有什么关系呢？除非你肚子饿了，想回家吃饭了。"

小菁破涕为笑，低头重新做起题来。大概过了10来分钟，她终于把题目做完了。这是这么长时间以来，她第一次完完整整地做完老师所布置的课堂作业。更让她感到意外和高兴的是，老师看了她的作业之后告诉小菁：恭喜你，小菁，你的题全部做对了！

永不消失的钉子洞

从前，有一个脾气很坏的男孩。有一天，他的父亲给了他一袋钉子，并且告诉他，每次发脾气或者跟人吵架的时候，就在后院的篱笆上钉一根钉子。第一天，这个男孩钉下了37根钉子。慢慢地，每天钉的钉子数量都在减少。他发现，控制自己的脾气，实际上比钉钉子要容易得多。

终于有一天，他一根钉子都没有钉，他高兴地把这件事告诉了父亲。父亲告诉他："从今以后，如果你一整天都没有发脾气，就可以在这天拔掉一根钉子。"日子一天一天过去，最后，钉子终于全被拔出来了。

父亲带他来到篱笆边上，对他说："儿子，你做得很好，可是看看篱笆上的钉子洞，这些洞永远也不能恢复了。就像你和一个人吵架，说了些难听的话，你就在他心里留下了一个伤口，就像这个钉子洞一样。无论你怎么道歉，那个伤口都将永远存在。要知道，心灵上的伤口和身体上的伤口一样都难以恢复。你的朋友是你宝贵的财产，他们让你开怀，让你更勇敢。

感悟 gǎnwù

在对别人发脾气前，请先想想这是否是一个不可原谅的错误，然后，请考虑你是否一定要钉下这颗"钉子"，如果可以的话，请且慢下手。因为，当你宽容他人的时候，也是善待自己的最佳时机。

他们总是随时倾听你的忧伤。你需要他们的时候，他们会支持你，向你敞开心扉。所以，永远不要在他们的心灵上留下无法缝合的伤口。"

坐反的公交车

秀秀今年 15 岁，刚刚初中毕业，家里没钱让她上高中，于是就跟着姐妹们来到了南方找工作。

奔波了几天，总算找到了一份保姆工作。主人家很有钱，就是非常苛刻。秀秀天天除了做饭洗衣服，还得带小孩，累得够呛。

一天下午，主人临时打发秀秀到一家裁缝店去取她订制的旗袍，说晚上 8 点钟就要用。那个店离家挺远，要倒好几趟车，加上这个城市的街道纵横交错，又到了华灯初上的时分，秀秀坐着坐着就糊涂了。回来的时候，她只记得那趟车名，却不记得这趟车得到对面坐。

这趟车是无人售票，所以秀秀上去就投了一元钱，也没问问司机。车大概走了 20 多分钟，乘客就差不多走光了。秀秀看着窗外闪烁的霓虹灯，一点也没有注意到自己的错误。

车很快到了终点。剩下的人很快就跳下了车。秀秀也跟着要下，可是在车门那儿她猛然发现这个车站和来时不一样。她望望司机，司机也正在看她。

她讷讷地问："这，这好像不是北京路，这是哪儿啊？"

"北京路？"司机一愣，旋即明白过来。"这是终点站，你一定是坐反车了。"

"什么？"秀秀几乎要哭起来了，"那怎么办？"

"别急，我现在就要重新开出站。待会儿你就可以直接在

感悟
gǎnwù

当他人遭遇窘境的时候，善良的人都会表示理解。但最好的方法不是点破他，然后帮他解决，而是帮助了他却装作什么都不知道。只有这样，已经处在困窘中的他才不至于更加狼狈。也只有这样的理解，才是最让人感动的理解。

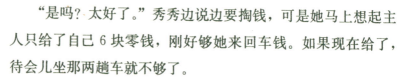

北京站下车了。"

"是吗？太好了。"秀秀边说边要掏钱，可是她马上想起主人只给了自己 6 块零钱，刚好够她来回车钱。如果现在给了，待会儿坐那两趟车就不够了。

想到这里，秀秀着急起来。她使劲地翻着口袋，可是司机好像根本没注意到她没投钱，自顾自地把车开出了站。

秀秀的心并没有放下来，她不安地坐在后面，时不时地瞅瞅司机，看他脸上是什么表情，鄙视，不屑，气愤？可是只见司机专心致志地开着车，什么表情都没有。

不一会儿，车就到了北京路。司机按了一下按钮，开了后门。可是秀秀特意跑到了前门，看着司机，想对他说钱的事。可是司机好像看透了她的心思，他把手一挥，说："快下车吧！你不是赶时间吗?"说着就按键开了前门。

秀秀心一热，说了声："谢谢!"然后逃也似的下了车。

秀秀准时把旗袍送回了家，但她一直忘不了那位好心的司机。

修路的少年

从前，在一个偏僻贫穷的小山村里，住着十来户人家。他们虽然一年到头都是不辞辛苦地劳动，可是由于交通不便，还是很难解决温饱问题。一次偶然的机会，他们得知养蚕能够挣不少钱，就家家户户种起桑树养起蚕来。说好收获的时候按人头上交村里一部分，作为修路的费用。由于他们村里的土壤十分适宜桑树生长，加上村民们十分勤劳，很快就到了蚕儿吐丝的时节。

村里有个失去双亲的少年。在村里兴起养蚕的时候，他也试着养了一些，可是自己只有一个人，势单力薄，又没有什么经验，常常不是忘了这个就是忘了那个。现在到了蚕儿吐丝的季节，就他的蚕吐得最少。

在上交蚕丝的时候，这位少年要交上自己所得的一半才能够上数目。他虽然心疼，可是也毫无办法。加上他看到别人家的蚕丝都比他的好，心里不禁又内疚起来。倒是村长看出了他的心思，对他说："你家里就你一个人，也确实忙不过来。不如这样，你就交一半吧！"

"这怎么行？大家都交了。我的蚕丝虽然不好，可是多少也能卖一些钱。"少年很倔强，坚持要如数上交。

村长说："我们修路也不缺你这一份蚕丝的钱。你要是有心的话，还不如在修路的时候多出点力。你看你还年轻，修起路来肯定比我们这把老骨头强多了！"

大家都笑了起来，少年也就不好意思再坚持了。

等到蚕丝卖了钱之后，村民们就开始修路了。大家想着不久就可以与外界通车了，心里都很高兴，干起活来热火朝天。而其中又以这位少年干得最卖力。没多久，路修通了，从此之后，村民们的生活渐渐变得富裕起来。

感悟
ganwu

在从事一项集体活动的时候，总是有人会在某些地方做得不好，或是做得不够。这个时候，只要多给他一分理解，一分体谅，就能够温暖他本已内疚的心，从而在别的方面为集体作出贡献。

不灭的灯光

在一个大学宿舍里，有一个家境贫寒的同学。她白天上课，晚上在外面的一家图书公司兼职校对。有时做不完就带回宿舍，然后在台灯下一直干到深夜。

刚开始的时候，同宿舍的同学们对她的这种做法很不理解，觉得她这么晚还开着灯，影响了大家休息。其中有一个同学对光还特别敏感。要不是宿舍长三番五次说她家境贫寒，请大家务必理解体谅，她早就被骂过无数次了。

有一天晚上，她又拖着疲惫的身子回到了宿舍。宿舍像往常一样熄着灯，于是她轻手轻脚地开了门，然后摸到自己的座位，随手打开台灯——这是为了不影响同学们休息特意买的。谁知拉椅子的时候稍微碰出了点声音，马上就传来一个怒气冲冲的声音："你以后能不能早点睡觉？现在大家都睡了，你这样在屋里走来走去，不是影响我们休息吗？"

她连忙道歉，说自己下次一定注意。

可是同学不依不饶，说："注意顶什么用？你天天晚上开着灯，叫我们怎么休息？"

她很惊讶，觉得有些委屈，就说："我并没有开大灯呀！"

"开台灯也不行！我睡觉的时候特别怕光。你的台灯又那么亮，还是会影响我睡觉。"同学一点也不让步。

"那我再把台灯关小一点，这样可以吗？"她边说边把台灯按钮关小了一点。灯光顿时暗下了很多，她要费力才能看清楚稿子。

可是同学还不满意，她说："我睡眠不好，一点光都不行。你要干活还是到别处去吧！"

她气怔了，想着自己这么委曲求全，又想着自己整天那么劳碌，不知不觉，两行泪就流了下来。

平静下来之后，她把台灯关了，然后带着稿子来到了走廊上。

走廊上只有一点昏暗的灯光。她没管那么多，就进屋搬了把椅子，坐在灯光下开始工作起来。

这样一直干了好几天，同学们都不知道她究竟是怎么解决照明问题的。

直到有一天，宿舍一个同学出外上洗手间，才发现了这个秘密。

这位同学非常惊讶，也有些内疚，她回到宿舍后，叫醒大

家，然后把刚才的情景告诉了她们。

同学们听了，都默不作声，把目光投向那位怕光的同学。

那位同学有些不好意思，可是又搁不下脸来，就嘟囔着说："我是真的怕光，再说又不是我让她到走廊去的。"

大家不好说什么，就又都躺下了。可是这天她们谁也没有睡好觉。

第二天，一个同学想了个主意。她说："我们可以每人帮她校对一部分稿子，这样她就不会干到深夜了。"

"不行不行！"马上有人反对，"她自尊心那么强，肯定不会接受的。"

"那怎么办？"

"其实我有个主意，就是不知道妥不妥？"她们的宿舍长说道。

"什么主意，说来听听。"

"我们可以在各自的床上蒙一个布帘，这样可以遮挡大部分的光线。就是不知道你可不可以？"宿舍长问那位怕光的同学。

"我想应该可以，晚上先试试。"

晚上她们果然每人买了个布帘，把台灯打开，真的暗了好多。宿舍长还对那位怕光的同学说："要是还不行我们俩就换张床。我那床离桌子远一些。"

那位怕光的同学也就不好再说什么了。

晚上 10 点多的时候，她又带着稿子回来了。这次她惊奇地发现她的台灯亮着，而且每张床上都挂了一张帘子。她马上明白这是为什么了，不知不觉又流下了眼泪。

为了不影响同学，她又找了一份家教，就再也没有工作到深夜了。

但是同学们床上的帘子，一直都没拆下来，仿佛是她们集体友爱的见证，从春到秋，从夏到冬。

在学校和今后的工作单位，以至整个国家和世界，每个人的家庭环境、性情和习惯都是千差万别的。如果人与人之间一点都不能相互理解、相互忍让，这样的集体就会缺少温暖，缺乏凝聚力。

· 权威的风度 ·

在一次国际性的学术研讨会上，一位年轻的博士向在座的各位会议代表介绍自己最新的研究成果。只见他旁征博引，侃侃而谈，一点也没有被这些面貌严肃的专家学者们所吓倒。但是由于他的文章观点很新，本身资历又浅，马上就招致了多位教授的质疑。

本来所谓研讨会，就是为了讨论学术问题，争论是很正常的现象，可是这次表现得好像特别激烈。这位博士年轻气盛，他毫不示弱，对专家们的论据一一进行反驳。由于这位博士伶牙俐齿，反应机敏，不时地把专家们噎得一句话都说不出来，使得这些学术界的权威们颜面无存。

后来一位专家生气了，他也不谈论文中具体的内容，一开口就怒斥这篇论文是故弄玄虚，其实一点实际的东西都没有。其他专家听了，也都频频点头。这位博士也生气了，只听见他用有些轻蔑的语气说："先进的理论和观点在产生最初总是会不被人理解，但是各位专家，如果我们还是沿袭以前传统的观点，那么这个世界就不会进步，所以请各位专家不要轻易作出否定的结论。"

各位专家愤怒了，他们觉得这位小伙子也太不知天高地厚了。他们正要重新进行下一轮的攻击时，主持人制止了他们。主持人是一位头发花白的老教授，他已经快70岁了，是学术界的泰斗。在刚才的发言中，他自始至终都没有说一句话。现在，其他专家们都看着他，希望他能打击一下这位博士的嚣张气焰。

可是出人意料的是，这位老专家只是微笑着说："今天的

会议开得真是太成功了！为什么这么说呢？因为每位代表都发言踊跃，而且争论得面红耳赤，这比先秦诸子的百家争鸣是有过之而无不及呀！"

听了这话，在座的各位代表脸色都舒缓了，有的还露出了微笑。

主持人又说："这位年轻人写的论文很有新意，只是一时还不能说服在座的各位。我倒有个建议，不如在座的各位把反对的理由写下来，然后交给这位年轻人，让他回去好好地研究一下，然后写出一篇让大家都心悦诚服的论文来。各位要是觉得这样还不能充分表达自己的观点，或者觉得还不过瘾，也可以就这篇论文写一篇驳论性的论文，这也算是我们这次研讨会的意外收获呀！"

这位年轻人觉得这个建议不错，他马上表示，自己愿意把这些反对的意见带回去好好地研究一下。

各位专家见这位年轻人表示同意，都很高兴，觉得是这位老专家给他们挽回了面子。

会议快结束的时候，年轻博士诚恳地向老专家请教，希望他能说说对这篇论文的看法。

老专家听了，只是微微一笑，然后说："我最近发表了一篇论文。那篇论文虽然主要谈论的不是这个问题，不过也涉及了一些。我想你看了之后，就会明白我对你论文的看法了。"

年轻人急问论文及发表的刊物名称，老专家随口说出了一个国际方面最权威的刊物名称。年轻人认真地用笔记了下来。

会后，有一位与老专家私交不错的专家问他刚才为什么不批评这位年轻人。老专家说："作为一个年轻人，蔑视权威，有点创新精神都是值得肯定的。相反，如果一个人对权威亦步亦趋，这一生也不会有什么大的成就。但另一方面，如果他光

感悟
ganwu

会上这些专家和年轻人为什么会吵起来，说到底，是他们互相之间不够体谅。专家只想着自己的面子，年轻人只想着为自己的论文辩解。而这位老专家之所以能够圆满地解决问题，完全是因为他站在了两者的角度考虑问题呀！

有打破权威的决心，却没有严谨的学术作风，也只能是一个学术上的自大狂。"

"那您觉得这位博士有严谨的学术作风吗？"

"我觉得他对学术还是挺认真的。如果他能正确吸取刚才各位专家的意见，我想他应该能够做得更好。"

"这就是您为什么提出让我们把反对理由写出来的原因吧？"

老专家微笑着，不说话了。

这位专家感叹地说："您对年轻人的培养真是不遗余力呀！我真是自愧不如！"

过了一个星期，这位老专家收到了年轻人的来信。信中这样写道：

"我前两天已经拜读了您的大作，觉得自己以前的观点是有些论据不足。我又根据研讨会上各位专家的意见进行了大的修改，我想这次应该可以服人了。

"您是我见过最和蔼、最有风度的专家，也是第一个不以居高临下的态度来指点我的权威。我感谢您对我们年轻人的理解和爱护，也请您原谅我上次的无礼……"

老专家不禁微笑了。正要放下信，突然发现信后还附有那篇修改后的论文，于是就坐下来，开始仔细地研读起来。

小鸟的志向

从前有个小男孩，非常喜欢小鸟。他在家养了各种各样的鸟，整天逗它们玩。

有一天，小男孩和伙伴们到山上去玩，在一个草丛里发现了一只小鸟。这只鸟颜色翠绿，是一只美丽而罕见的翠鸟。据

说这种鸟总是与羽毛为红色的翡鸟成双成对。可是不知为什么，今天这只鸟孤单地落在草丛里。

小男孩走近去一看，发现它的翅膀好像受了伤。此时它正用一双惊恐的大眼睛看着周围，不时发出阵阵凄惨的叫声。

"小鸟啊小鸟，你究竟是被谁打伤的呢？"小男孩叹息道，然后把这只小鸟带回了家。

在小男孩的精心照顾下，这只翠鸟很快就恢复了健康。小男孩高兴极了，整天逗它玩，可是翠鸟好像并不高兴，它在笼子里飞来飞去，一副烦躁不安的样子。小男孩很纳闷，不知道它到底有什么不满意。

有一天，他走到大街上，一个卖鸟的人见了这只翠鸟，赞不绝口："哎呀！这只鸟可真是漂亮啊！你看它的羽毛，多有光泽！你是从哪儿弄来这么个宝贝的？"

小男孩听了得意极了，他说："这是我从草丛里捡来的。"

"捡来的？你的运气可真好。要知道我找了它好久都没找着。对了，你家里一定有一只红色的翡鸟吧？"

"翡鸟？我家没有这种鸟。"

"这就奇怪了，你笼子里的这只鸟其实叫做翡翠鸟。绿的是翠鸟，红的是翡鸟，它们总是成双成对，形影不离的。我想你的这只鸟一定是和它的伙伴失散了。"

小男孩第一次听说翡翠鸟是成双成对的。怪不得翠鸟不高兴，原来是失去了伙伴。于是他问："到哪儿才能找到翡鸟？"

卖鸟人告诉他，这种鸟人很难找到，除非把翠鸟放生，让它自己去找。

小男孩听了闷闷不乐。他回到家里，对着翠鸟发呆。他说："难道你和我待在一起真的不快乐吗？"

翠鸟好像听懂了他的话，在笼子里扑腾扑腾的。

感悟
gǎnwù

在学习和生活中，其实也总是产生这样的矛盾。你很看重这个人，很想和他交朋友，或是很想和他在一起，可是他有他的志向，他有他的追求，这个时候，你一定要和这个小男孩一样学会理解，学会放手。

小男孩"唉"了一声，说："既然这样，我还是把你放出去吧！这样，你就能找到你的伙伴，过着快乐的日子了。"

第二天一早，小男孩带着翠鸟来到了当初捡它的地方，依依不舍地把笼子打开了。翠鸟一下子就飞了出来，只见它在地上跳了几步，回头看了看小男孩，然后鸣叫一声，朝着密林深处振翅飞去。

爸爸的惩罚

一对在法律行业卓有成就的夫妇，一直有心把儿子也培养成一名律师或者法官。可是儿子好像对成为律师并不感兴趣。倒是在很小的时候，他就对机械之类的东西产生了浓厚的兴趣。每天父母回家，准能发现他坐在地上，专心致志地拆卸着闹钟之类的玩意儿。

刚开始的时候，他的父母并没有在意，以为就是小孩淘气。可是随着家里的收音机、钟表、电话、微波炉和玩具汽车相继报废，他的父母才发现这已经成了孩子的唯一乐趣了。

身为法官的母亲对此很生气，她觉得这孩子怎么这么不长进，就喜欢玩这些乱七八糟的东西，不好好看点书。为了制止他再次"作案"，她把家里比较容易成为拆卸目标的电器都藏了起来。还请了个保姆，专门监督儿子做作业。

做律师的父亲就大度一些，他劝夫人道："儿子也许在机械和电子方面很有才能，你应该好好培养才对。"

"什么？好好培养？你是想让他成为一个机器修理工还是什么？我就不明白，他为什么一点也不像我们，尽养成这些不好的习惯。"母亲坚决不同意。

感悟
gǎnwù

每个孩子都有着不同的理想，有的想当大学老师，有的想当法官，当然也有的想当工程师。一定要尊重和理解孩子的选择，毕竟那是他的事情，他的人生。

到底是法官妈妈更有威严，律师爸爸不出声了。

自从家里有了保姆，他们的儿子再也没机会"作案"。他整天泡在题海中，心里非常难受。

有一天，父亲回家，发现母亲正在数落儿子。原来儿子做语文作业，十道就错了八道。

"你怎么这么差劲哪！真是气死我了，今晚不许吃晚饭。"

"那怎么行？"父亲走上来，说，"儿子饿坏了更学不好了。"

"总得给他点惩罚吧！我看这孩子是不打不成才，应该好好地管教一下。"

"你怎么把自己工作上的那一套放到孩子身上了。教育要有方法。家里不是有张坏了的椅子吗？罚儿子修好不就完了吗？"

这倒是个好主意，法官同意了。

儿子听说修椅子，高兴得什么似的。他感激地看了一眼爸爸，发现爸爸正在冲他使眼色。他飞快地跑到书房，拿起一把铁锤子叮叮当当地修起椅子来了。

这椅子修得真不错。从那以后，每次儿子犯了什么错误，父亲都能找出一些有毛病的家具或是电器什么的让他修理。儿子乐此不疲。

儿子渐渐长大了，在报大学志愿的时候，他毫不犹豫地报了电子工程专业。母亲对其无可奈何，只好酸酸地说："翅膀硬了，不听使唤了。"

儿子在大学里成绩优异，后来又保送上了研究生，成了一名非常优秀的专业人才，连母亲都开始引以为荣。在送儿子出国念博士后的时候，母亲对父亲说："别看儿子不听话，专业学得还不赖。如今都出国念博士后了，比我们强。"

父亲和儿子相视而笑。

宽容小偷

古时候，有个叫作陈寔的人。他很有学问，而且品德端正，为人谦和，附近的百姓都很敬重他。

有一天晚上，陈寔提着灯进屋，突然听到屋顶上有轻微的响声。他抬头一看，发现梁上有一片衣襟。原来是进了小偷。但陈寔没有急着叫人，他知道，如今世道不好，很多贫穷的百姓都被逼上了绝路。于是他想借机教育一下这个小偷。只见他从容不迫地走出门外，把家里的晚辈全都叫了过来。

躲藏在屋顶上的小偷吓坏了，以为陈寔是找人来抓他。急得抓耳挠腮，不知该从哪里逃出去。

正在这时，他听到屋外的陈寔说话了：

"我今天把你们叫过来，是有些话想对你们说。现在世道不好，很多穷人都因此做了强盗和小偷。我想问，如果这样的小偷撞到了你们手里，你们会怎么做？"

"我会送他去官府。"陈寔15岁的孙子说道。

"如果把他送去官府，恐怕是有去无回。现在老百姓日子过得太苦了，他们这样做也情有可原。我觉得不能送去官府。"一个较年长的孙子说道。

"可是如果人人都因为贫穷而去做小偷，那这个世界岂不是变得乌烟瘴气了吗？"另一个孙子反驳道。

这时陈寔打断了他们的争论，他说："你们说的都很有道理。在我看来，品德才是做人的根本，不能因为贫穷或是什么别的借口就去伤害别人。如果长此以往，不是坏人也会变成坏人了。"

"那么爷爷是想把他送入官府了？"

"当然不是。就像刚才说的，这些小偷本质都不坏，如果能够对他加以教育，促使他走上正途，比把他送入官府不是更好吗？"

晚辈们听了都很佩服。而躲在上面的那位小偷呢？心里对陈寔更是感激万分，同时又很羞愧。他伏在梁上，不知该怎么办才好。

这时陈寔把晚辈们打发走，然后进了里屋，说："你现在可以下来了。不用怕，我不会抓你的。"

小偷这才从梁上爬下来。他跪在地上向陈寔磕头，说："刚才您的话我都听到了。我是城外东村人氏，因为家里已经好几天揭不开锅了，所以我只好做了小偷。现在我知道错了，以后再也不会这样做了。"

陈寔见小偷愿意悔过自新，十分高兴，他说："我就知道你不是个坏人。这样吧，我送你一些银子，从今以后你好自为之吧。"

小偷听了之后，感动地哭了起来。从那以后，他生活再贫困，也没有干过这类害人的勾当了。

|感 悟·
ganwu

放过自己家中的小偷，这样的宽容并不是什么人都有的。而陈寔之所以会有这样的宽容，除了天性善良，全是因为他能够深切地理解和体谅百姓偷窃的苦衷呀！

朋友也需要理解

松鼠和啄木鸟是一对好朋友，它们有一个共同的家，就是一棵大榕树。松鼠住在树洞里，啄木鸟住在树上。两人无话不说，关系好得让同在一棵榕树上的动物们羡慕得要死。

可是，这一段时间不知为什么，松鼠老爱冲啄木鸟发脾气，不是冲它叫嚷就是对它爱理不理。啄木鸟很是纳闷，不知自己做错了什么。不过它想大家都是朋友，所以一直选择了忍耐。可是松鼠非但没有领情，反倒变本加厉起来。

有一天，啄木鸟正在树上"咚咚咚"地工作，松鼠突然从树下蹿上来，冲它大叫一声："你难道不知道我在睡觉？一大早就在这里吵来吵去的，简直是太可恶了！"

"可是现在都九点多钟了呀！"啄木鸟有些委屈地说。

"九点多，九点多就可以吵啊？反正我在睡觉，你要吵到别处去。"

啄木鸟气坏了，它可以忍受松鼠的发火，可是不能忍受松鼠连它的工作也干涉。它说："不行！这棵榕树病了，我必须帮它医治，否则我们都没房子住了。"

"什么？就你关心房子，我们都是搞破坏的？"松鼠气得跳了起来，"我告诉你，少拿房子来吓唬我。治病又不在这一时，你就是想故意搅我睡觉！"

它们的争吵声惊动了榕树附近的其他小动物。它们见松鼠这样蛮横无理，纷纷站出来为啄木鸟打抱不平。

正在喂孩子的麻雀大妈说："啄木鸟可是为了大家好，如果榕树生病了不及时医治，那我们都无家可归了。"

百灵鸟小姐清了清嗓子，也帮腔说："就是。现在太阳已经晒到屁股了。倒是你，小松鼠，为什么这么晚还在睡觉啊？难道你不知道早起的鸟儿有虫吃吗？"

话音刚落，松鼠就没好气地说："我又不是鸟，早起什么呀？一群笨蛋！"

这话被附近草丛里的青蛙绅士听到了，他很严肃地说："这就不对了。不管是谁，都应该早睡早起。你看，大家都在辛勤地工作——我也正在抓害虫。你不但不工作，还妨碍人家工作，太不应该了！"

"不用你们管闲事！"松鼠气得叫了起来。它哧溜一声钻回树洞去了。

啄木鸟看到朋友生气，就说："大家不要说它了，我想它是心情不好。"

"哎呀！你真是太老实了，怪不得松鼠老是欺负你。"麻雀大妈说。

"虽然忍让是美德，可是也要有个限度。你看，它现在连工作都不让你做了。"青蛙绅士永远一副说教的模样。

百灵鸟小姐则气愤地说："这只小松鼠实在太可恶了，竟然骂我们鸟类是笨蛋。啄木鸟，你是鸟类的一分子，不能再忍让了。"

正在树上荡秋千的猴子先生也停下来，说道："小松鼠这样的朋友还是最好别要了。你看它一点都不体谅你。唉，可怜的啄木鸟，你对它已经是仁至义尽了。"

啄木鸟听了这些话，心里也觉得委屈。它低下头来苦思冥想：松鼠到底是怎么啦？难道要我低三下四地去求它吗？这我可办不到。可是，我又真的不想失去这个朋友。该怎么办呢？

啄木鸟没有想到更好的方法，它也没时间管这些事了。森林里的好多树都病了。它每天从这棵树上飞到那棵树上，辛勤的工作使它忘了孤独。

过了一个星期，啄木鸟的工作开始闲了下来，它开始感到孤独，思念起与松鼠无话不谈的日子。有的时候遇见松鼠，它真想对它问一声好，可是看到松鼠一副冷冰冰的样子，它就说不出口了。为此啄木鸟感到非常的伤心。

有一天，啄木鸟到山羊医生那儿去取点药品。山羊医生突然向它问起小松鼠最近怎么样，啄木鸟吞吞吐吐地说不上来。山羊医生就说："你们不是好朋友吗？怎么会不知道呢？"

"我，我和它闹了点矛盾。"

"是吗？它前段时间心情是不太好，那时它怀疑自己得了

感悟
ganwu

再亲密的人之间也需要理解，也需要体谅。如果有一天你也遇上啄木鸟这样的情况，千万不能只顾及自己的面子。应该好好地和对方谈一谈，增进了解，相互体谅。只有这样，你们的友谊才能继续保持，并且更加牢固。

绝症，整天神情恍惚的。"

"你说什么？它得了绝症？"啄木鸟吓得跳了起来。

"别激动！现在已经确诊，小松鼠只是得了肠胃炎，吃点药就会好的。"

啄木鸟松了口气，它后悔地说："怪不得它老冲我发火。我怎么一点都不理解它的心情呢？唉，我真傻！"

山羊医生笑了笑，说："你真是够傻的。朋友对你发火是因为它信任你，你却总是想着自己的面子。"

"既然它信任我，为什么不告诉我呢？我可以帮它的。"

"它正处于不理智的状态，相反你是清醒的。你看到朋友不对劲，应该多关心多体谅，想方设法找出它不高兴的原因，然后再帮它解决问题。这才是真正的朋友应该做的事情。"

啄木鸟恍然大悟："那我该怎么办呢？"

"回去和它好好谈一谈。多沟通，多体谅，我想你们一定会和好的。"

"谢谢你。"啄木鸟说完就如箭一般地飞走了。它要赶去找小松鼠，告诉它，我们还是最好的朋友！

一次意外的试飞

在飞机升空的一瞬间，机身有些异样的抖动，但这只钢铁巨鸟还是在惯性中钻进了云层。

驾驶这架新式战机的是美国特级试飞员胡佛，这位曾经试飞过几千架次的王牌试飞员，平时最相信自己的直觉。此时，一种不祥的预感渐渐地占据了他的心。果然，飞机开始急速下坠，仪表盘上亮起了一盏盏醒目的红灯，刚刚还像一根飘带的河流，因为飞机的下降而看似波涛汹涌。"冷静，冷静！"面对撩开了面纱的死神，胡佛一遍一遍在心里默念。在一个真正的试飞员心中，这项耗费上亿元和无数人智慧与心血的成果比什么都重要。冷静与经验拯救了一切，奇迹终于在这漫长的几秒钟里发生了，在塔台的指挥下，胡佛凭借丰富的经验终于使飞机迫降成功。

胡佛一走下舷梯，地勤人员立即向他奔来，走在最前面、第一个紧紧拥抱他的，是泣不成声的机械师戴维。因为是他一时的疏忽，错将轰炸机的油料加进了战斗机，才差点酿成一场机毁人亡的事故。

胡佛知道原委后，并没有责怪这位合作了十余年的老伙计，而是安慰他说："一切都过去了，不要因为无意的过失而责备自己，我相信你，以后只要是我飞行，会继续请你'加油'。"

因为这一句话，戴维很快从阴影中走出，并且一直陪伴在胡佛的左右，直至两个人共同退役。其间，两人配合得十分默契，再也没有出过任何差错。

对杀人凶手的"礼遇"

几年前，美国弗吉尼亚理工大学发生了一起恶性校园枪击案，当案件尘埃落定，随后的另一则消息又震惊了世界——该校把凶手赵承熙和32名遇害者一起列为了悼念对象。

在这次遇难者悼念仪式上，虽然遇难者是32人，但放飞的气球是33个，敲响的丧钟是33声，这其中包括了自杀的凶手赵承熙。在弗吉尼亚校园中心广场的草坪上，其中一块悼念碑上写着"2007年4月16日 赵承熙"，旁边放着鲜花和蜡烛。还有一些人留下了纸条，如："赵，你大大低估了我们的力量、勇气与关爱。你已伤了我们的心，但你并未伤害我们的

感悟
gǎnwù

只有学会宽容，放下心中芥蒂，才能让一切趋于理性，归于和谐，才能让经历风雨的生命重新进入阳光地带。当我们以博大的胸襟包容这个世界时，我们也就赢得了这个世界。

灵魂。我们变得比从前更坚强更骄傲。我从未如此因身为弗吉尼亚理工的学生而感到骄傲。最后，爱，是永远流传的。艾琳。"

对校园枪击案凶手及其家人的宽容，在美国已有先例。1991年就读于美国爱荷华大学的中国博士留学生卢刚开枪杀死包括自己的导师在内的5名教师和同学，最后饮弹自尽。在枪击事件发生后的第3天，受害人之一、副校长安妮·克黎利女士的家人就通过媒体发表了一封给卢刚家人的公开信，称卢的家人同样是受害者，希望以宽容的态度分担彼此的哀伤。

杀人凶手，罪大恶极，理应受众夫所指，缘何获此"礼遇"？美国人的解释是，凶手有心理疾病却没得到社会、家庭的关心和及时救治，导致了悲剧的发生，凶手本身也是受害者。

第 1 章
没有人能成为孤岛

生活在这个地球上，没有一个人可以完全不依靠别人而独立生活。这本是一个相互扶持的社会。

就像诗人曾经说过："谁也不能像一座孤岛，在大海里独居。每个人都似一块小小的泥土，连成整个陆地。任何人的死亡都使我感到有所缺损，因为我包含在人类这个概念里。"

所以，请不要为了一点小小的利益而争斗，因为你损失的可能是更大的利益。也不要低估一个人所奉献的一份力量，因为团结的力量不可估量！

三兄弟分家

一位开布料行的老者临死前，把三个儿子叫来，对他们说："我死之后，这个店就交给你们三人了。记住，一定要团结，这样才能使生意兴旺。"

儿子们都答应了。

这位老者还不放心，他说："你们三兄弟，各有各的长处。老大比较稳重，又善于组织，以后这个店里的大小事宜你都得留心；老二细心，可以主管财务；老三活跃，可以主管销售。总之你们要齐心，千万不能因为一点小小的利益而分家。要记住，你们是兄弟，你们的利益也是一致的，分开只会削弱你们的力量，一定要切记呀！"

三兄弟听了，都伸出自己的一只手，放在父亲的手上，说："放心吧！我们会好好相处的。"

老者很满意，闭上眼睛，溘然长逝了。

三兄弟一直谨记父亲的话。他们团结一心，先把几个想乘他们父亲去世吞并他们的人给对付了。然后按照父亲的吩咐，老大负责全局，老二管财务，老三管销售，把布料行打理得井井有条，生意也比先前红火了。

后来，他们各自都成了家，觉得三家人还这样挤在一个店里，难免会有许多纷争，于是都有意把店分成三份，可是又想着父亲的吩咐，决定不下。于是，三兄弟请来了他们的舅舅，问他有什么意见。

舅舅一听是分家的事，还没坐下就往外走。三兄弟拉住他，问："您老怎么这么快就走了呀？"

舅舅说："我要把这个好消息告诉别人去。"

"告诉谁呀?"

"告诉东边布料行的李老板,还有西边布料行的张老板,对了,还有南边布料行的王老板。"

三兄弟一听,都不说话了。

舅舅坐下来说:"我知道你们分家是有理由的,但是也不是这么个分法。"

"那怎么分?"

"如果平分成三份,那么你们布料行的力量一定会削弱。所以不如在保存原来的店铺规模的基础上,拿出一部分盈余的资金,在城里比较繁华的路段再开两家小规模的分店,老二和老三分别负责管理。"

"这样不也是分家吗?"

"平分成三份,和一个生出两个,难道会是一样吗?"

熟悉财务的老二开窍了,他说:"舅舅说得对。把布料行平分成三家互相独立的店铺,每份力量都很均匀,比起以前来自然实力大减。而总店出一部分资金开两间分店,虽然短时间内总店实力会有一点削弱,可是影响不会太大。而且两间分店仍然属于总店,整体来看,我们布料行的实力并没有减少。"

"对,这样既便于管理,又没有分家。"老大也开窍了。

"以后发展得好,还可以多开几家分店。到时只怕我们三家人都不够使了。"老三开玩笑地说。

舅舅见三兄弟都明白了,很高兴地说:"这下我放心了。你们记住,永远不要想着分开,而要想着怎样才能把生意做好。"

感悟
ganwu

虽然人人都知道团结力量大,可是团结并不是那么容易做到的。而且就算做到了,也需要一些技巧。否则只能适得其反。

走出沙漠

感悟
gǎnwù

其实在当时的情况下，原地等待救援和主动走出沙漠都有百分之五十的生存机会，关键是他们在接下来的日子能不能同心同德。有时，协作是生死攸关的因素。

有六个互不相识的游客在沙漠里迷了路。他们走了两天两夜，还是没有走出沙漠。眼看他们的食物和水就要用光了，其中一个人提议说："伙计们，我想这样盲目地走不是办法，不如待在原地，保存体力和粮食，等着救援的人到来。"

马上有两个人响应，他们的嘴唇已经干得冒烟了。

可是另外三人却不同意，他们说救援的人不知道什么时候才能来，现在最重要的是乘还有粮食和体力的时候一鼓作气，走出沙漠。

两边其实都非常有道理。结果三个人留下了，另外三个人走了。

留下的这三个人坐在一起，用他们的包裹把一件红色的衣服压在地上，好让飞机更容易找到他们。然后又把各自的粮食和水都拿出来放在一起，说好不到万不得已的时候不吃。他们坐在那儿，从早到晚。第二天，一个年长一点的游客开始不行了，他躺在地上，喃喃自语。其他的两人没有安慰他，因为他们自己也累得说不出话来。不过，他们一人握着那个游客的一只手，用自己的体温表示大家都还活着。

在他们快要支撑不住的时候，救援的飞机找到了他们。

而离开的三个人呢？在走了一天之后，三人发生了分歧。一个人说这方向不对，应该走那边，另两个人说是走这边。一个人到底拗不过两个人，他只好憋着一肚子的气跟着。又走了一天，他们的水快喝光了。于是一个人提议大家停下来挖水源。

大家都同意了，但是关于挖水源的位置又发生了分歧。结果开始那个因为方向问题而生气的游客自己找了个他认为可能

有水的地方干了起来。其他两个游客呢？商量了一下，也发生了争吵，于是互相背对着埋头苦干。

就这样，三个人在不同的地方埋头苦挖，一个个都累得筋疲力尽。直到第二天，忽然有一个人大喊了一声："水！"其他两个听了，马上停下手中的活飞跑过来。他们看见这个坑里的沙土有些湿润，于是顾不得说什么，拿起工具就在这个地方大干起来。由于三者同心，很快就看到了水，他们喝了个痛快，而且把各自的水袋都装得满满的。

经过这次，他们三个人都仿佛明白了什么。在后面的路上，他们再也没有发生过争吵，就这样手拉着手，一起走出了沙漠。

种出好玉米

感 悟
ganwu

有一位农民总能种出最好的玉米。每年，他的玉米都参加本州的博览会，并获得最高荣誉。一年，有位报社记者采访了他，得知关于他如何种玉米的一件饶有趣味的事。

记者发现这位农民把他的玉米种子与邻居们分享。"你的邻居每年都把自己的玉米拿来参赛，和你竞争，你怎么舍得把最好的种子分给他们呢？"记者问。农民答道："难道你不知道吗？风会把成熟玉米的花粉吹起来，从一片地卷到另一片地。如果邻居种出的玉米不够好，杂交授粉会逐渐降低我的玉米质量。如果我要种出好玉米，就必须帮助我的邻居种出好玉米。"

我们每个人都应该从中获得启发：如果想种出好玉米，就必须帮邻居种出好玉米；想要得到幸福的人，必须帮助他人找到幸福。

一个人的成功是孤单的，当我们获得进步的同时，一定要记得去团结和帮助身边的人，只有这样，在获得成功的路上才不会觉得孤单！请记住：团结和帮助他人就是自己获得成功的力量。

什么方法最省力

在一个丰收的季节，一个瓜农把成熟的西瓜堆在地上，等着帮手把西瓜装到停放在路边的卡车上。

不一会儿，帮手都来了。原来他们都是瓜农儿子的同学，下课之后特地前来帮忙的。只见这些小男生，一个个把衣袖卷起，准备着大干一场。

正在这时，一位班长模样的男生说话了："大家先别忙。现在地上共有两堆西瓜，一堆靠路近，一堆靠路远。我们不如分成两组人，远的那边多分两个人，然后进行比赛，看哪个组搬得最快。"

"没问题。"于是大家分成两组，开始干起活来。

只见靠路近的那组同学，一窝蜂地走进瓜地，然后一个个伸手抱瓜，送到车上后再快速地空手返回。这样来回反复，虽然秩序是乱了点，不过因为路近人多，倒也不慢。

靠路远的那组同学呢？觉得这样来回太慢，就商议了一个办法。只见他们在瓜堆和卡车之间排成一队。由最前面的那位同学从地上抱起西瓜，然后传给第二个人，第二个人再传给第三个，这样一个传一个，直到传到卡车边的那位同学。这种方法又快又省力，不一会儿他们就要赶上前面那组同学了。

结果，他们两组几乎同时把任务完成，所不同的是，前面那组各自抱瓜的同学们累得是气喘吁吁、满头大汗，而后面挨个传递西瓜的同学们呢？仍然是精力充沛，一个个谈笑风生。

感悟
ganwu

虽说人多力量大，但要是大家的协作方法不一样，结果也会千差万别。

五指兄弟

有一天，五个手指又为谁第一的问题争吵起来。

大拇指说："五个手指中，数我个儿最大。而且主人要夸谁，总是把我给竖起来。所以，大家都叫我'大'拇指啦！"

食指说："光大有什么用？我看最有用的就数我，你没看见人们按电钮，输指纹都用我吗？"

中指哈哈大笑起来。

其他四个问他笑什么，中指好容易才忍住笑，说道："我笑你们一个个都是有眼无珠。五个手指中，数我最高，所以我第一不是明摆着的吗？"说完得意地扭了两下。

中指的话马上招致其他手指的反对。

无名指说："高有什么了不起，五大三粗的。你看我，多苗条多漂亮，人们都把戒指戴在我身上！"

小拇指也想说什么，但马上被边上的无名指给制止了。无名指说："难道你也想嚷嚷？我们四个虽然分不清谁胜谁负，但是五个手指中数你最后，这是无可置疑的。"

其他三个马上表示赞成，小拇指急了，说："好，就你们有用，那你们谁把桌子上的这个花瓶拿起来。"

四个手指看了看那个粗大的花瓶，都不说话了。

小拇指就说："不行了吧？来，我们五个都过去。"

于是五个手指来到花瓶那儿，张开然后合拢，轻轻一使劲就把花瓶给拿起来了。

从此它们再也不为谁第一的事情吵架了。

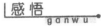
感悟
ganwu

五根手指，同属一只手，很多事情不合作根本无法办到。由手指推之人，推之集体，其道理也是一样的。

牛狼之战

在一片空地上，一群牛和一群狼对峙着，眼看就是一场恶战。

面对强大的敌人，牛群没有四散逃开，而是迅速地围成一团。母牛和牛犊以及体弱的公牛躲在圈子里面，而强壮的公牛站在外面，形成了一道坚固的铜墙铁壁。

这些公牛都是牛群中的精英，肩负着保卫其他成员的重任。只见它们咆哮着，弓着背，身子略向前倾，把头上两根尖尖锐利的角露在最前面。同时以两只铜铃般红红的眼睛死死地瞪着狼群，随时准备着对狼群的进攻发起反击。

面对这样团结一致、无懈可击的群体，狼群不敢怠慢。只见领头的一条狼，也就是狼王，向前一跃，直扑牛群中体格最弱的一头公牛。当然，它不是真的要咬这头公牛，它只是做出这样一个动作，引诱这头公牛冲上来反击。果然，这头公牛中计了，它抵着两只角，愤怒地朝狼王冲了过来。不料，躲在狼王后的那群狼，趁着这头公牛出击时腾出的一个小空子，快速地钻了进去。它们在里面疯狂地袭击那些没有还击能力的牛犊和母牛。这使本来无懈可击的牛群在霎时间土崩瓦解，很快就被凶狠狡猾的狼群击败了。

感悟
gǎnwù

在自然界里，牛和狼都属于那种很团结的动物。在这场牛狼大战中，牛的表现是很不错的。可惜的是，狼不但很团结，而且讲究配合与协作，这就是牛之所以失败的关键因素。

不是一个人

为了宣传产品，一家电器公司面向全国人民开展有奖问答活动。问题很简单，就是："从上海到伦敦怎么去才好玩?"第一名将获得一台四十英寸的彩色电视机。

全国人民对这个活动表现出了异乎寻常的兴趣，没多久，活动组委会就收到了无数的来信。

这些答案无奇不有。有的说是走着去才好玩，有的说自己开飞机才好玩，有的说跟着一个好的旅行社去会比较好玩。但出人意料的是，最后的赢家是一位小学生。

他的答案是："跟好朋友一起去最好玩。"这个看似简单的答案却打动了评委们的心。评委们对此的评价是：分享的快乐，远胜过独自拥有。

后来这件事传出去后，有人提出了异议。他说：在旅途上，你和朋友分享的仅仅只是快乐吗？当然不是。在人生的旅途中，你还会遇上各种各样的烦恼和困难。于是这个人对这个答案重新评价了一番：分享的烦恼，将会变得更少。

花旗银行的失误

在 20 世纪后期，美国的一些小银行，为了争取业务，就想了个主意。他们联合起来，建立了一个银行 ATM 机联盟，顾客无论持的是哪个银行的卡，都可在 ATM 机上取钱。这样既方便了顾客，也带动了这些小银行的发展。

为了扩大联盟的影响，这些小银行竭力拉拢当时美国著名的花旗银行加入。可是花旗银行觉得自己比小银行实力强，网点多，如果加入就会让这些小银行占便宜，所以迟迟没有加入。

可是联盟的发展并没有因为花旗银行的不加入而停滞不前。在短短的几年之内，这种方便快捷的 ATM 机如雨后春笋般地遍布全国各地的街道上。而因为花旗银行没有加入联盟，一些原有的用户渐渐把业务转移到这些加入联盟的银行，而新用户更是直接把花旗银行排斥在自己的选择之外。

认识到自己的失误，花旗银行调整策略，终于在 20 世纪 90 年代加入了该联盟，当然，后来所付出的代价比起当初要高得多。

感悟
gǎnwù

和大家分享快乐，快乐就会变得更多；和大家分享烦恼，烦恼就会变得更少。所以，不管在什么时候，请记住你不是一个人，而是和无数的人一起生活在这个团结的地球大家庭。

感悟
gǎnwù

在这个变化多端的世界上，强者也需要与人合作。否则就会像花旗银行一样，在关键时刻错失先机。

自力更生与合作

感悟
gǎnwù

无论是一个人还是一个国家，都应该立足于自力更生，但自力更生并不意味着一味蛮干，排斥合作。

在一家科学研究所里，有两位非常厉害的专家。每年他们完成的学术项目都远远地超过了其他人。有一次研究所承担了一个大型的国家项目。为了提前完成任务，研究所把这两位专家召来，请他们一起合作完成这项任务。

两位专家同意了。但是在合作方式上产生了分歧。一位年老的专家希望把项目分成两个小项目，一人完成一个，最后合成，这样各专其职，效率更高。年轻的专家则希望不分小项目，而是两个人在一个实验室里进行项目研究，理由是这样便于沟通。双方争执不下，后来还是年轻的学者让了步。

由于任务繁重，双方排除了一切杂务，对这项工作全力以赴。结果年轻专家提前了两个月完成。原来，年轻专家十分善于与人合作，凡是在研究过程中发现了什么解决不了的问题，就向研究所或这个领域其他的专家求助。由于年轻专家本人乐于助人，也帮了别人不少忙，因此别人也都乐意帮助他，任务自然是进展神速。

而年老专家呢？工作态度非常认真，但也有点倔，做什么事情都是一个人苦干。在遇到难题时，他宁肯加班加点，自己多花点时间，也从来不让别人帮忙。

后来，年轻专家完成了自己的那一份，见老专家还没完成，就主动伸出援助之手。可是老专家却一口回绝了。年轻专家本来一向都很尊敬老专家，但这次也急了。他说："这项目是所里的，不是你一个人的。我现在之所以要帮忙，也不只是为了帮你，而是为了让所里能早日完成这项任务。所以，请您也看在集体的利益上，允许我参加这个项目。"

老专家听了，觉得很惭愧。后来他们两个联手，终于在规

定的时间内完成了这项工程。

老专家在庆功会上对年轻专家说："我活了那么大年纪，一直以自力更生为准则，还是到今天才发现合作的妙处啊！"

神仙的赐予

从前，有两个逃难的人倒在了路上。这时天上的一位神仙正好看见了，他想：我不如赐给他们两样东西，这样他们就能活下去了。于是他的手轻巧地在天上画了两笔，一根长长的鱼竿和一篓活蹦乱跳的鲜鱼就出现在那两个人的身边。

鲜鱼的味道让这两个处在饥饿中的人醒了。他们发现了鱼竿和鲜鱼，于是不顾一切去抢那篓鲜鱼。两个争来争去，相持不下。后来其中一个说："我们现在饿成这样了，不如每人先吃一条鱼，然后再商量分配的事情吧。"另一个人也饿得头昏眼花的，马上点头同意了。于是他们一人要了一条鱼，吃得饱饱的。

然后两个人坐在那里，讨论起分配的问题。

其中一个人说："现在有两样东西，一根钓鱼竿和一篓鲜鱼，我们一人只能要一样。"

"鲜鱼是现成的，可是鱼竿却可以钓更多的鱼。"另一个这样盘算着，就说，"我还是要鱼竿吧。我想到海边去重新生活。"

他的话正合另一个人的心意。因为他这次逃难就是想去投奔自己家在附近的朋友。正好还有三天路，带着这筐鱼，自己就不会饿死了。

于是他们分了东西，然后分道扬镳。

要了那篓鲜鱼的，走了三天，把鱼吃完了。可是朋友家却已经被战火烧成一片废墟。他没找着朋友，又没粮食了，正绝望的时候，他发现不远处有一条小河。于是他走过去，想钓一两条鱼充饥，可是走到那儿，才想起鱼竿不在自己手里。没办

法，他只好自己跳到河里抓鱼，不幸河水太急，把他给淹死了。在他沉下去的一刹那，他还在后悔自己没要鱼竿。

另一个要了鱼竿的人呢？顺着大海的方向一直走。可是路途遥远，他走啊走，累得筋疲力尽。周围尽是荒凉之地，他没有讨得粮食，所以还没走到海边就饿死了。临死前他后悔地叹息自己为什么不要那篓鱼。

其实最后悔的还是那位赐予他们这两样东西的天神。他对其他神仙说："本来想救他们的，没想到还是死了。"

其他神仙指责道："都怪你不多给点东西，真小气！"

这位神仙委屈地说："我怎么知道他们竟然把东西分开，一点都不懂得合作呢？"

如果这两个人在开始的时候就想到合作，事情很可能就不是这样。可悲的是他们到死都还没有悟到自己真正的失误。

螃蚁抱成团

在大雨来临之前，一群蚂蚁正排成长队，把粮食和其他弱小的成员转移到安全的地方去。这种事情经常发生，所以搬离工作进行得有条不紊。

正在这个时候，住在附近的一位农民看到大雨来临，担心沟渠涨起来的水会溢到自家田里，于是就扛着锄头，来到田边的沟渠上。他准备在沟边挖一个缺口，好把溢出来的水引到别处去。可是这位农民一点都不知道，自己这一小小的举动竟会给这群正在搬家的蚂蚁造成灭顶之灾。

沟边的泥土很结实，农民使劲地挖着，不时地擦着汗。过了一会儿，缺口终于打开了一点点，沟里的水一下子溢了出来。领头的一只蚂蚁眼尖，一下子就看到了，顿时恐怖地尖叫一声："水，水！"对于不会游泳的蚂蚁们来说，这不啻于一声晴天霹雳。它们纷纷丢下身上的粮食，在原地爬来爬去，乱成一团。

此时缺口还在扩大，前面一些躲避不及的蚂蚁们已经被突

如其来的大水给淹没了，其他的蚂蚁还在原地不停地找着出路。正在这时，领头的一只蚂蚁突然叫了一声，这群慌乱的蚂蚁顿时镇静下来。它们迅速地朝蚁王的方向聚拢在一块，一只叠一只，重重叠叠，不一会儿，就形成了一个巨大的蚂蚁团。

这个神奇的蚂蚁团，像一个轻巧的球，朝着陆地的方向滚动着，但过了一会儿，更多的水漫了过来。于是蚂蚁团就漂在了水面上，随着水流和风的力量在水面上缓缓地滚动。最外面的蚂蚁多数被水呛得说不出话来了。而有的蚂蚁已经死了，可是它们至死都没有松手。就这样，蚂蚁团朝前漂着，漂着，直到安全地抵达了陆地。

经过劫难后的蚂蚁们顾不得检查一下数量，就自觉地分散开来，排成队，朝着更安全的地方前进。那些被水呛晕的蚂蚁，则被一些强壮的蚂蚁驮在背上行走。当它们终于抵达了安全地带，倾盆大雨疯狂地下了起来。

感悟
ganwu

在自然界里，蚂蚁算得上是最为团结的动物之一。不管是平时生活还是在面临危险之时，它们都能团结一致，甚至献出自己的生命也在所不惜。这种团结和奉献的精神，就是万物的灵长也自叹不如。

划船比赛

在一个阳光明媚的日子，一群十一二岁的中学生在老师的带领下来到街心公园春游。大家兴致很高，放风筝的放风筝，赏花的赏花，拍照的拍照。在路过一个湖泊的时候，一个女同学灵机一动，向同学们提议道："你们看这里的水多清澈啊！我们不如划船去。"

大家马上响应。这时又有一个同学说："光划船多没意思啊，不如我们分成两个小组，进行一场比赛，看谁先到湖心小岛。你们觉得怎么样啊？"

"当然好啦！怎么分配啊？"

"男的一组，女的一组！"一位男同学怪笑道。

"不行不行，我们女同学哪有你们力气大。"马上有女生表

215

示反对。

"你们不是经常说什么男女平等吗？上次班上举行编织比赛，你们不是也嚷嚷着要男女分开吗？"看来男生对上次的惨败还耿耿于怀。

"比就比！谁怕谁啊?"有的女生毫不示弱。

于是他们真的分成了两组，男生一组，女生一组。只见男生们雄赳赳、气昂昂地跳进小船，那神气仿佛是得胜的将军。

女生们看了暗自好笑。只见她们一个帮着一个，小心翼翼地跳进小船，然后各就各位，随时准备向湖心小岛进发。

随着一声令下，两个小组开始行动了。只见自以为胜券在握的男生只派了一半的男生划船，其余则纷纷坐在船上观望。

而女生呢？全部都被派去划船了。她们约好一听到口令，就朝着一个方向使劲划。所以听到口令的女生们纷纷挥动船桨，船立即像离弦的箭一样向湖心小岛驶去。

坐着观看的男生们一看形势不对，再也不敢怠慢，纷纷冲上去帮忙划船。可是由于没有事先约好，他们每人划桨的方向都不一样，结果任凭他们怎么使劲，船都只是在原地打转。

眼看女生的那艘船就要到湖心小岛了，男生们急得满头大汗。他们互相埋怨，不是说你的桨应该往后划，就是说你的桨碰着了我的桨。结果大家的桨纠缠在一块，弄得船外是水花乱溅，船内是骂声一片。

正没个开交处，男生们听到女生们胜利的欢呼声。他们沮丧地停了下来，看见女生们都站在小岛上，冲他们招手。还有一位女生大喊道："喂，你们是不是回不去了？要不要我们过来帮你们划?"

男生们气坏了，他们重新操起桨，在水上使劲地划，可是越是使劲，船越是不走。他们还是没有明白配合的奥妙。

感悟
ganwu

工作和划船一样，需要相互配合。如果不懂配合，就算他们单个加起来的力量再大，也只能把工作弄得一团糟。

一块羊肉

森林里生活着一群野狗。有一天，它们分头出去觅食，说好把食物带回山洞里来一起分着吃。

不一会儿，有一只野狗遇到一只豹子。只见豹子正在美美地吃着一只羊，这只野狗馋得口水直流，好几次想过去偷吃一块。可是豹子转过身，狠狠地瞪了它一眼，说："滚远点！没看见我还没吃完吗？"这只野狗只好走开，在附近焦躁不安地徘徊，等着豹子吃饱离开。等了好久，这只豹子终于吃完了，只见它舔着嘴巴，心满意足地走了，剩下一小半还未吃完的羊肉。

这只野狗马上扑过去，叼起这块羊肉。突然，附近冲来一头野猪，它盯着野狗口中的这块肉，眼里射出贪婪的目光。野狗当然不甘心把肉让给它，可是自己势单力薄。它只好趁野猪一个不注意，拼命地往林子里跑。

野猪在后面奋力地追赶，眼看就要追上。正在这危急关头，几只在附近晃悠的野狗及时赶了过来。它们很自觉地围成一个圈，紧紧地护着那只叼着羊肉的野狗。野猪一看来了援军，自己无机可乘，只好离开了。

这几只野狗看到敌人走了，就转过身来找那块羊肉。令它们气愤的是，刚才那只逃命的野狗正在大口大口地吞吃着那块肥美的羊肉。它们怒吼着，朝那只贪吃的野狗扑过去。这只野狗见形势不妙，又开始了逃跑。

逃跑本来是它的强项，可是现在嘴里叼着一块肉，难免显得呼吸急促，没多久就累得气喘吁吁。最后它实在支持不住了，就停了下来，对那群追它的同伴说："伙计们，我同意这块肉和你们共享。可是这块肉是我冒着生命危险，好容易才从豹子和野猪手里抢出来的，说什么我也应该多分点。"

感悟 gǎnwù

野狗们之所以能够赶走强大的野猪，保住羊肉，是因为它们团结一致，懂得协作。可是最后之所以会被一只小小的乌鸦抢走胜利的果实，则完全是因为它们贪婪的本性，为了利益你争我夺，才会让乌鸦有可乘之机。

其他几个不干了，它们说："刚才要不是我们冒着生命危险，把你从野猪手里救出来，恐怕你早已命丧黄泉。所以我们才有资格多吃。"说着它们就一哄而上，把这块肉硬是抢了过来。

可是抢着肉的那只野狗，立即抛下刚才还团结一致的同伴，扬长而去。其他的野狗当然不会放过它。于是，一场你追我赶的游戏又开始了。不一会儿，这只野狗也累了，羊肉被另一只幸运的野狗所抢走。就这样，羊肉几易主人。最后，它们都累得趴在地上，伸着舌头不停地喘气。

最先找到羊肉的那只野狗说话了："伙计们，我们还是别争了，要不谁也吃不上。"

"就是。"另一只野狗附和道，"我们还是把肉平分了吧！"

其他野狗很爽快地答应了。就在它们意见达成一致的时候，一只乌鸦突然从树上飞下来，叼起那块来之不易的羊肉飞走了。

三个和尚有水喝

感 悟
ganwu

在这个"一个和尚喝水难，三个和尚有水喝"的时代，只要你开动脑子，想好促使众人协作的方式，就不会落入传统的三个和尚没水喝的俗套。

大家都听过三个和尚没水喝的故事，可是有位经济学家却讲了一个三个和尚有水喝的故事，让我们从中看到了协作创新的力量。

从前一个地方有三座庙，它们离河边都很远。第一座庙原来每天派一个和尚打水，可是路太远，一下子就累了。于是他们想了一个主意，就是接力赛的方式。第一个和尚从河里挑水，到了一定路程就停下来休息，由第二个和尚接着挑。然后走一定路程又传给第三个和尚。第三个和尚一直将水倒进缸里。这样来来回回，三个人都不累。教授将之称为机制创新。

第二座庙的老和尚很聪明，他把三个和尚叫到一起，说："我知道挑水辛苦，因此就给予挑水的人以奖励。只要谁挑得多，谁就可以在吃饭时外加一道菜。谁挑得最少，就只能吃白饭。"于是三个人都很卖力，缸一下子就满了。这叫做管理创新。

第三个庙的人更聪明。他们觉得这样每天挑水实在太辛苦了，于是就想了个好办法。他们将山上的竹子砍下来，连在一起，做成一根长长的水管，直通向河里。然后买了一个辘轳，一个和尚把水摇上去，一个和尚把水倒进缸里。第三个和尚则可以休息，等到一个和尚累了就去换班。这叫技术创新。

就这样，通过协作创新，三个庙都顺利地解决了喝水难的问题。

偷油的老鼠

三只老鼠同去一个很深的油缸偷油喝，够不到油喝的它们想了一个办法，就是一只老鼠咬着另一只老鼠的尾巴，吊下缸底去喝油，大家轮流喝，有福同享。

第一只老鼠最先吊下去喝油，它想："油就这么多，大家轮流喝一点儿也不过瘾，今天算我运气好，干脆自己跳下去喝个饱。"夹在中间的老鼠想："下面的油没多少，万一让第一只老鼠喝光了，那我怎么办？我看还是把它放了，自己跳下去喝个痛快！"第三只老鼠也暗自嘀咕："油那么少，等它们两个吃饱喝足，哪里还有我的份儿？倒不如趁这个时候把它们放了，自己跳到缸底饱喝一顿。"

于是，第二只老鼠狠心地放开了第一只老鼠的尾巴，第三只老鼠也迅速放开了第二只老鼠的尾巴，它们争先恐后地跳进缸里。最后，三只老鼠都淹死在油缸里。

感悟 *gǎnwù*

团队成员之间只有真诚合作，才能顺利实现目标。我们每一个人都应忠诚负责地对待自己的工作，不能因个人私利而置他人于不顾。

·取长补短·

感悟
ganwu

自然界的生物虽然卑微，可是总能比人更明白团结协作的重要性。一个人再优秀，他也不可能全是优点。如果能够善于与那个与你互补的人协作，取长补短，将会产生出意想不到的效果。

从前，一个国家有两位非常有才干的官员。一个叫甲父史，一个叫公石师。前者多有谋略，但做起事来优柔寡断，缺少决断；而后者与之相反，缺少谋略却做事果断。两人正好互补。他们平日关系很好，各自取长补短，两人一心，把国家治理得井井有条。

可是有一次，两人不知什么原因争论起来。他们你一言我一语，互不谦让。结果一言不合，两人各自拂袖而去，从此关系一落千丈。人们只看到他们两个在朝廷上争得面红耳赤，再也看不到以前那配合默契的情景了。可是两人一点也没有认识到他们的矛盾已经严重影响了国家的治理。他们互相看不顺眼，最后竟然都要辞职。

这时朝廷的另一个官员密须奋见到他们闹成这样，心里十分着急。有一天，他把二人请来，流着泪劝道："你们俩都是国家的栋梁，从前团结一致，配合默契，可是现在却互相攻击，把国家弄得一团糟。你们难道没有听说过海里的水母和虾的故事吗？水母没有眼睛，依靠着寄生在它体下的虾才得以辨明方向。一旦遇到危险，虾会向水母发出信号，水母则立即沉入水底躲避。而虾呢，则依靠着吃水母剩下的食物才得以生存。它们俩相互依存，从来没有听说过有什么矛盾。

"海里还有一种叫做琐吉的生物。在它的腹中，寄居着一种蟹。每当它饥饿时，就张开壳，让蟹出去觅食。然后蟹把食物带回来，琐吉就能饱餐一顿。如果它们不能相互容忍的话，琐吉就吃不饱，而蟹则会失去一个安全的居所。

"此外还有生活在夏屋山上的蟨鼠，它与一种叫邛邛岠虚的动物相依为命。蟨鼠善于采集甘草，而邛邛岠虚善于奔跑。所以每

天由鼹鼠采集甘草，为邛邛岠虚提供食物。而一旦遇到危险，邛邛岠虚就会背着鼹鼠快速逃跑。它们谁也离不开谁。

"今天两位的情形与它们相似。你们之间一旦产生矛盾，对自己对国家都是一种伤害啊！所以你们还是和好吧！"

甲父史和公石师听了，十分惭愧。他们对密须奋说："听君一席话，胜读十年书啊！如果不是您提醒我们，我们俩几乎就要遭遇危险了。"

说完两人握手言欢，重新和好了。于是，这个国家又开始兴旺发达了。

又入虎口

从前在林子里住着一群快乐的鸽子。它们饿了就在林中找寻食物，吃饱了就在树上聊天唱歌，追逐玩耍。

可是最近来了一个猎人，打扰了它们幸福的生活。猎人提着枪，带着一只凶恶的狼狗，在这个林子里搜寻着猎物。自从他发现这里住着一群鸽子之后，就整日琢磨着把它们一网打尽。

可是鸽子们早作好了准备。只要猎人一靠近林子，在树上放哨的鸽子就会咕咕直叫，向同伴们发出警告。鸽子们听到警报之后，立即四下躲开，隐藏在密林深处。猎人几次进攻都一无所获。

后来，猎人想了一个办法。就是故意走近林子，等鸽子都逃走的时候，他就在大树底下铺上一张大网。上面则撒些谷类等鸽子爱吃的食物。然后猎人就悄悄地躲在附近。

不一会儿，以为逃离危险的鸽子们都飞回来了。它们一看到地上有食物，全部争先恐后地俯冲过去。就在这时，地上的网逐渐收拢了。鸽子这才发现上了当。它们吓得全都尖叫了起来。

猎人见鸽子们被困在里面，心里十分高兴，心想，总算被一个集体在任何时候，都应当上下一心，团结一致，因为谁也不会知道，危险在什么时候会悄悄来临。

我抓到了。他得意洋洋地走过去，想把鸽子们全都带回去。

鸽子见猎人一步步地走近，都十分惊恐。它们奋力挣扎，极力想摆脱羁绊。可是由于各自使劲，它们非但没有挣脱，反而被束缚得更紧了。

这时，一只聪明的鸽子就说道："大家安静！大家安静！现在我们被狡猾的猎人困在网里，要逃出魔爪只有一个办法。那就是我们全部朝一个方向使劲，带着网奋力飞出这个地方。只要我们逃脱了，就一定能想办法挣脱这张该死的网。"

鸽子们见这是个好主意，都同意了。然后有人问该往哪飞。那只鸽子想了想，说："如果我们飞到空旷的地方，猎人还是能追上并找到我们，所以我们只有飞到密林深处，才能躲过猎人的追赶。南边就是一片密集的树林，我待会喊'一二三'，大家就努力往南飞。"计议已定，这只鸽子就开始喊"一、二、三"，然后大伙使出平生的力气，奋力往南飞去。

猎人见状，急忙追赶。可是鸽子们飞进密林，一转眼就不见了。猎人找了很久，只好气急败坏地回去了。

鸽子们见猎人走了，一个个都松了口气。它们开始想办法挣脱这张讨厌的网。那只聪明的鸽子说："北边的老槐树底下，住着一只老鼠，它是我的朋友。我们不如一起往北边飞去，请它把网咬开。"

"不行不行！"马上有鸽子反对道，"北边很空旷，如果我们飞过去，会被猎人发觉的。"

"我们很累了，能不能歇会再飞。到时我们有劲了，猎人也走远了。"一只喜欢做和事老的老鸽子说道。

其他鸽子都表示同意。可是那只聪明的鸽子不同意，它说："我们现在被困在网中，不能出去。如果有什么野兽过来就糟糕了。"

鸽子们也觉得这话有理，于是都七嘴八舌地争论起来。后

来形成了两大派，它们各执一词，互不相让。要走的鸽子就行动起来，奋力朝北飞去。可是赞同等在原地的鸽子全都使劲踩着网，不让它们飞走。结果双方纠缠在一起，最后竟然打起架来。

正在这时，一只老虎发现了它们。它蹑手蹑脚地走过来，一把抓住了这些打得正欢的鸽子，然后美美地吃了一顿晚餐。

九头鸟

在很久很久以前，深山老林里生长着一种奇怪的鸟。它只有一个身子，但却有九个脑袋。九头鸟飞得很高，连雄鹰都自叹不如。可是九头鸟有个很不好的毛病，那就是只要一个脑袋找到了食物，其他八个就会争着来抢。它们都张大嘴巴，你咬我，我咬你，打得流血飞毛，不可开交。结果谁也没有抢到食物，而九个脑袋都受伤了。

地上的海鸭看见了，笑道："你们为什么不想一想这九个嘴的食物都同归一个腹呢？像你们这样争来争去能有啥意思呢？"

可是九头鸟不听，结果总是吃不饱，最后逐渐灭绝了。

感悟
ganwu

九头共一腹，说明这九个头的利益是一致的，可是它们却为了一时的输赢闹矛盾，打内战，结果自然是一败涂地。

众箭难摧

从前有个国王，他有 20 个儿子。这些儿子都是不同的母亲所生，彼此之间并不和睦。国王年纪大了，他为此很是着急。

有一天，他把儿子们叫到跟前，对他们说："你们每个人给我拿一支箭过来。"儿子们照办了。然后国王把这 20 支箭一一折断，掷在地上。

感悟
ganwu

单者易折，众则难摧。这本来是一个朴素浅显的道理，可是有时候人们总是难以参透。

儿子们面面相觑，不知道父亲葫芦里卖的是什么药。

国王对其中一个儿子说："你取1支箭，然后把它折断。"

儿子照办了。然后国王又说："你再拿19支箭，放在一起，然后折断它们。"儿子依言取了19支箭，可是他费尽了力气也没能把箭折断。

这时国王就对儿子们说："你们看到了吧，一支箭容易折断，一捆箭则难以折断。这些箭好比你们，如果你们能够像这捆箭一样同心同德，抱成一团，那么江山就可以稳固了。"

儿子们都点头称是。国王以为他们都懂了，便放心地把王位交给了其中的一个儿子。可是其他儿子都不服气，他们相互通气，一起把新国王拉下了台。可是在谁当国王的问题上又纠缠不休，最后互相打了起来。因为他们都是手握重兵的亲王，结果国家陷入了一片战火之中。一直对其虎视眈眈的邻国乘机派兵占领了他们的国家。

弱者联合起来将不可战胜

在森林的一棵树上，住着一群麻雀。它们无忧无虑，过着幸福的生活。可是在一个炎热的下午，树下突然来了一头大灰熊。它好像刚刚饱餐了一顿，正想找个地方睡觉。它看到这棵树还不错，就躺在地上呼呼大睡起来。

树上的麻雀并不知道下面有大灰熊，它们刚刚午睡起床，看到阳光那么灿烂，都高兴地唱起歌来。睡得正香的大灰熊被歌声吵醒，气得团团转。它向上面怒吼道："叫什么叫？没看到老子在睡觉吗？"

麻雀们一听，都不敢出声了。于是大灰熊又趴在地上睡了。可是刚才它一声怒吼，把一只小麻雀的尿吓出来了。这尿不偏不倚，正落在大灰熊的头上。大灰熊开始还以为下雨，可

是闻闻不对劲。它气得一个翻身从地上跳起来，使劲摇晃树干，恶狠狠地说要把这棵树连根拔起。

麻雀们吓得四散逃开，可是鸟巢里还有好几个蛋无法带走。于是麻雀妈妈着急地对大灰熊说："大灰熊大王，刚才我的儿子不是故意的，求求您放过我们吧！树上还有我们的窝和蛋呢！"

大灰熊轻蔑地看了一眼麻雀，说："放过你们，除非你把刚才那只可恶的家伙交给我。"

麻雀妈妈当然不能交出儿子，它苦苦地哀求道："大王，我的儿子还小，求求您原谅他吧。"

"不可能！我数'一二三'，你快点交出来，否则我就把树连根拔起，让鸟蛋摔个稀巴烂。"

大灰熊开始数"一二三"了。麻雀真是左右为难，没等它想好，大灰熊就数到三了。它开始拼命地摇晃树干。树上的鸟窝哪经得起这样的折腾，不一会儿鸟窝就掉了下来，里面的鸟蛋全部摔破了。

麻雀妈妈心疼得大哭起来。它的哭声被附近一只马蜂听到了。它飞过来问麻雀为什么哭，麻雀把刚才的遭遇说了一遍。马蜂听了义愤填膺，它说："这样吧，我们去找螃蟹想想办法，为你报仇。"

于是它们就飞到附近的池塘边找到了螃蟹。螃蟹一听，气得两只大钳子一张一张的。它说："这只大灰熊真是太可恶了！我们一定要好好地治治它。我知道它常常会来池塘喝水，待会我们就……"它们三个计议已定，就埋伏在池塘边，等着大灰熊过来喝水。

不一会儿，大灰熊果然摇晃着脑袋，心满意足地走了过来。它刚刚低下头喝水，就觉得背上如针刺一般疼痛。原来是马蜂在它背上狠狠地咬了一口。大灰熊疼得大叫一声，一个站

┃感悟
gǎnwù

与强壮的大灰熊相比，麻雀、马蜂和螃蟹都是弱者。可是它们能够三者同心，并在进攻的时候讲究策略，注重配合，所以打败了强大的敌人。可见弱者只要联合起来，就会变得不可战胜。

立不稳，就掉进了池塘。它在水里扑腾了两下，刚想游上岸，又突然觉得腿上一阵疼痛。这就是那只螃蟹干的好事了。只见它张开两只大钳子，死死地钳着大灰熊腿上的一块肉。大灰熊疼得龇牙咧嘴，在水里拼命扑腾。这时马蜂和麻雀都飞过来了，一个在它背上使劲地蜇，一个在它头上使劲地啄。大灰熊顾了上面顾不了下面，它在水里挣扎着，呛了好几口水，眼看就要沉入水底了。

大灰熊害怕了，它拼命地向麻雀求饶，说："好心的麻雀，刚才真是对不起。我以后再也不敢了。求求您放过我吧！"

麻雀气愤地说："放了你？刚才我求你的时候你是怎么对我的？不行，我的孩子死了，我要你给它们偿命！"

大灰熊听了，无力地垂下了曾经不可一世的脑袋。

善于运用人力资源

有一个人，他走到哪儿都很受人欢迎。他开了一家餐馆，生意十分兴隆。论餐馆的地段，不是最好的；论口味，也不算佼佼者；论档次，比它豪华高级的餐馆有的是；论服务，也就是个三星级的水平。但是他有个优势，那就是有取不尽的人力资源。

他性情开朗，乐于助人，广交天下朋友。这个城市每个圈子都有他的朋友。开餐馆需要资金，结果他一位银行的朋友帮他搞定了。刚开张时需要重要人物捧场，他一位在政府供职的朋友帮忙解决了。在经营餐馆的时候，他的朋友们都争相带着同事、朋友到这里用餐。这样发展下去，生意自然是越来越红火。

他对人说：每个人都有需要帮助的时候，要乐于助人，也要善于向人求助。因为你生活的是一个群体，而不是一个人。

感悟
ganwu

朋友也是一种资源。虽然你交朋友并不是为了利益，但是在客观上，朋友越多，自己的事业发展得越好，朋友越少，你得到的帮助也就越少。

单刀赴会

三国时期，东吴出于利益的考虑，把荆州暂且借给蜀国的刘备，由此形成了天下三分之势。可是等到蜀国强大之后，蜀国就不想把荆州还给东吴了。更可气的是，当时镇守荆州的蜀国大将关羽为人傲慢，几次把东吴派去讨要荆州的使者赶了回来。

东吴的孙权非常生气。他找来当时主张借荆州的鲁肃，问他该怎么办。鲁肃说："我带兵到岸边，使人请关羽赴会。如果他肯来，我将对他好言相劝，如果他还是不从，就叫人杀之。要是关羽不肯来，我们就派兵与他一决胜负，夺取荆州。"孙权说："正合我意，你快去办吧。"

于是鲁肃马上派人给关羽送请帖，关羽对送信的人说："既然子敬相请，我明日便来赴宴。"

这时儿子关平就劝道："东吴这次相请，恐怕没有好意。"

关羽笑道："我关羽匹马纵横，如入无人之境，难道还怕他们吗？这样，明天你选快船十只，带水军五百，于江上等候。只要看到我这边的旗号，便过江来接。"

然后关羽又对随从周仓等人交代了一番。

第二天，鲁肃见关羽只带了周仓等几个随从，十分惊疑。席间鲁肃提及还荆州之事，关羽推托说："这是我大哥的事，不是我所能决定的。"鲁肃说："我听说你们桃园结义，誓同生死，怎么不是你的事呢？"关羽还没回答，周仓就在阶下厉声说道："天下土地，有德者才能居之，难道只有你们东吴才能有吗？"关羽变色而起，故意生气地责备周仓说："这是国家之事，哪儿容你说话！快滚出去！"周仓会意，他跑出帐外，来到岸口，把红旗一招。早已等候的关平船如箭发，奔过江

感悟 ganwu

过去人们看单刀赴会，总觉得关羽是胆识过人，英勇无畏。其实，关羽之所以能够这样毫无顾忌，关键是他有策略，和关平、周仓等手下配合默契。孤胆英雄令人敬重，精诚协作更值得推崇。

东来。

而关羽呢？只见他右手提刀，左手挽住鲁肃的手，说："我现在喝醉了，怕伤了朋友的交情，还是改日请您到荆州，再另作商议。"鲁肃吓得魂不附体，被关羽扯至江边。

东吴将士见关羽手提大刀，担心鲁肃被伤，都不敢轻举妄动。就这样，关羽跳上了关平的船，一会儿就无影无踪了，只留下岸边呆若木鸡的鲁肃望洋兴叹。

教师免费样书申请

感谢各位教师和学生使用北京教育出版社出版的系列丛书。为进一步提高我社图书质量，敬请教师和学生完整填写下列信息，我社将因此向教师提供一本免费样书（请您提供教师资格证或工作证复印件）。本表可在本社官方网站www.bjkgedu.com上下载，复制有效，可传真、邮寄，亦可发e-mail。

姓　　名		学校名称		邮　　箱	
电　　话		学校地址		邮　　编	
授课科目		所用教材		学生人数	
通过何种渠道知道本书	学校推荐 □　网站宣传 □　书店推荐 □　海报宣传 □　学生使用 □				
选择本书您首先考虑	出版社品牌 □　体例新颖 □　内容使用性强 □　装帧美观 □　其他 □				
您认为本书有何优点？					
您认为本书有何不足？					
常销系列图书	《168个故事系列》				

注：您申请的样书须与您讲授的课程相关。

诚 征 优 秀 书 稿

　　北京教育出版社成立于1983年，凭借对教育、教学改革的敏锐把握，依靠经验丰富的教师团队，成功推出了《1+1轻巧夺冠》《课本大讲解》《提分教练》等系列丛书。为了与时俱进，不断创新，打造更实用、更完美的优质教育图书，现诚邀全国中小学名师加盟，诚征中小学优秀教育类书稿。凡加盟者可享受如下待遇：1.稿费从优，结算及时；2."北教社"颁发相关荣誉证书；3.参编者将免费获得"北教社"提供的图书资料和培训机会。

随 书 资 源 下 载

　　北京教育出版社的图书所附赠的英语听力资料或其他随书资源，均会及时刊登在本社官方网站www.bjkgedu.com上，读者可以上网下载。下载方法如下：在网站免费注册后，登陆"下载中心"频道的"随书资源"区，选择下载所需的随书资源即可。所有随书资源均需凭密码下载，下载密码为图书ISBN号的最后5位数字（注：ISBN号一般印在图书封底条码上方）。

请在信封上或邮件中注明"样书申请"或"应聘作者"。

来信请寄：北京市北三环中路6号11层　北京教育出版社总编室
邮编：100120　网址：www.bjkgedu.com　邮箱：bjszbs@126.com
电话：010-58572817（小学）　58572525（初中）　58572332（高中）

后 记

　　本丛书在编写过程中，参阅了大量的期刊和著述，吸取了很多思想的精华。但由于各种原因，编者未能及时与部分入选故事的作者取得联系，在此致以诚挚的歉意，恳请作者原谅。敬请故事的原作者（译者）见到本书后，及时与我们联系，我们将支付为您留备的稿酬及寄去样书。

　　同时，提请广大读者注意的是，本书题名中"168个故事"只是概数，实际故事数量并不以此为限，特此声明。

　　地址：北京市北三环中路6号北京教育出版社
　　电话：010-62698883
　　邮编：100120